Für alle
die das Außergewöhnliche
sehen.

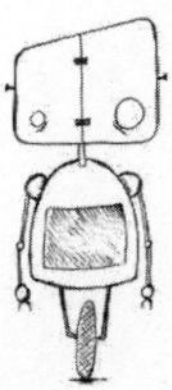

Thomas Bischof

ES WIRD STILL

Illustrationen
von Eleonora B. Sigl

FSC
www.fsc.org
MIX
Papier aus verantwortungsvollen Quellen
Paper from responsible sources
FSC® C105338

ES WIRD STILL

Dieses Buch erschien im Eigenverlag
www.eswirdstill.at

Basislayout: Isolde Fitzel
Illustrationen: Eleonora B. Sigl
Cover: Julia Weithaler
Lektorat: Philip Magner
Herstellung: BoD – Books on Demand, Norderstedt
Printed in Germany

ISBN: 978-3-200-04845-4

INHALT

00

WENN ICH ETWAS SAGEN DÜRFTE …

WENN
ICH
ETWAS
SAGEN
DÜRFTE
...

„Die Hoffnung wird immer in unserem Herzen wohnen. Denn eines mußt du wissen: Jeder von uns hat einen eigenen Stern, der sowohl in guten, als auch nicht so guten Zeiten über uns wacht. Der uns in der schwersten Stunde Hoffnung schenkt und uns in der dunkelsten Nacht den Weg leuchtet." Mit ihren zarten Kinderfingern deutete sie auf einen besonders hellen Stern, der über ihnen hing und flüsterte mit zarter Stimme zu Georg, dass dies ihrer wäre. Immer wenn sie zu ihm aufsieht, weiß sie, dass alles wieder gut wird. Und mit Georg an ihrer Seite würde dieser Stern noch viel heller leuchten. Da hörte die Welt für einen Moment auf, sich zu drehen. Es war als ob die Zeit stillstehen würde und sie sahen sich lange in die Augen, so lange, dass sie sich selbst in den Blicken des Anderen verloren …

Dies ist aber noch lange nicht der Beginn dieser unglaublichen Geschichte. Ich möchte dich, werter Leser, jedoch darauf aufmerksam machen, dass diese schon viele Jahre zurück liegt und mit der Zeit das Erlebte langsam in Vergessenheit geriet. Deshalb möchte ich hier und jetzt den Mantel des Schweigens lüften und dich auf eine fantastische Reise mitnehmen. Aber bitte bedenke, dass die Zeit nicht nur Spuren auf unseren Gesichtern hinterlässt, sondern auch auf unseren Erinnerungen. Die Wahrheit wird gedehnt und gestaucht. Wird zu einer Skizze auf einem Blatt Papier, bei der wir selbst den Bleistift führen. Sie ist wie ein Tuch aus Seide, dessen Ränder bald zerfransen. Die Wahrheit ist immer irgendwie … Falls dich jedoch der Zweifel quälen sollte, ob meine sprunghaften Angaben tatsächlich der Wahrheit entsprechen, hast du vielleicht recht oder eben auch nicht. Vielleicht spielt mir die Erinnerung hier und da ein paar Streiche oder führt uns alle an der Nase herum. Aber auch wenn ich den Faden verlieren sollte, oder mir ein paar wenige Details entfallen werden … Geschichten müssen erzählt werden, insbesondere die von Georg und Sophie.

01

WENN ETWAS MAL GANZ ANDERS IST …

WENN ETWAS MAL GANZ ANDERS IST ...

Höchstwahrscheinlich begann diese Geschichte in einer lauen Sommernacht, einer Nacht in der es so friedlich war, dass etwas Misstrauen nicht fehl am Platz gewesen wäre. Oder anders gesagt: Es war anders als sonst. Nicht wirklich unheimlich, sondern … wie soll ich sagen … anders. Der Wald, von dem ich dir nun erzählen werde, ist nicht allzu weit von hier entfernt und das dunkle Gebäude, das die Kulisse dieser Geschichte bildet, grenzt heute noch daran. Natürlich war es damals nicht so verkommen wie heute. Nein, ganz im Gegenteil. Ich erinnere mich an lange weite Flure und an diese unglaublich hohen Fenster, durch die man auf den mit Efeu bewachsenen Zaun blicken konnte. Das ganze Gebäude hatte etwas Großartiges, eine erdrückende Herrlichkeit, die jedem Besucher ein Staunen ins Gesicht zauberte. Es war wohl eines der schönsten Kinderheime in der Gegend und hörte auf den sonderlichen Namen „Kinderheim Traumfänger". Doch auch wenn die Fassade noch so glänzte, dahinter sah der Alltag meist ganz anders aus. Nasenbluten und Schürfwunden waren keine Seltenheit. Tränen und schlechte Träume waren die Regel. Für Viele war es eine unvergessene, für Einige eine verdrängte, aber für Alle eine ganz besondere Episode in ihrem Leben. Ich persönlich denke erst seit unserem Klassentreffen wieder öfter an die damaligen Geschehnisse und einzelne Erinnerungen werden wieder greifbar. Dann habe ich den Geruch von Sophies köstlichen Zimtbrötchen in der Nase oder höre Georgs unverwechselbares, glucksendes Lachen.

Deshalb zurück zum Beginn ... Denn eigentlich wollte ich von dieser einen bestimmten Sommernacht erzählen, in der sich eine kleine Eule durch nichts aus der Ruhe bringen ließ. Die in dem schauerlichen Wald wohnte, der so Furcht einflößend war, dass er von den Kindern gemieden wurde ...

... doch irgendetwas ...
... in dieser Nacht ...
... war ...
... anders.

Eigentlich war es in dieser besonderen Nacht sehr still. Zu still möchte man meinen; bis das Schweigen des Waldes durchbrochen wurde. Dann hörte man dünne Zweige knacken und Blätter geheimnisvoll rascheln. Die ansonst so scheuen tierischen Bewohner des Waldes, saßen nebeneinander und richteten ihren Blick auf die Lichtung vor ihnen. Neugierig beobachteten sie das hektische Treiben im hellen Schein des Vollmondes und so mancher Waldbewohner konnte seinen Augen nicht trauen. Denn so etwas hatten sie hier noch nie gesehen! Gemeinsam konnten sie dünne, ledrige Beine erkennen, die durch das feuchte Dickicht und durch den Nebel stampften, der wie Zuckerwatte zwischen den Bäumen hing.

Langsam kam eine unbekannte Gestalt zum Vorschein, die immer offensichtlicher, groß und außergewöhnlich dürr war. Sie hatte lange Arme und einen riesigen Kopf. Dieser war vielleicht etwas zu groß für diesen schlanken Körper, doch dies soll uns nicht weiter beunruhigen. Irritierender waren diese langsamen und behutsamen Bewegungen, mit der sie durch das Gebüsch schlich. Sie versprachen Achtung und Vorsichtig und erzählten die Strapazen einer langen und gefährlichen Reise.

Doch trotz ihrer Erschöpfung durchsuchten ihre großen olivgrünen Augen noch immer aufmerksam die Umgebung, während sie in ihren knochigen Armen ein kleines Kaninchen hielt. Um es zu beruhigen streichelte die fremde Gestalt zärtlich über den flauschigen Kopf. Denn eigentlich müsste man meinen, dass das Tier vor Furcht zittern würde. Doch dem war nicht so. Ohne Angst und ohne Scheu ließ sich das Tier von diesem unbekannten Besucher in ungetrübtem Vertrauen über die Lichtung tragen.

Dann tauchten aus dem Nebel noch drei oder vier weitere Gestalten auf, die ebenfalls Tiere oder auch Pflanzen in den Händen hielten. Und während sich diese Gestalten äußerst langsam bewegten, huschten zwischen ihren dünnen ledrigen Beinen, viele kleine aufmerksame Roboter hin und her und erforschten voller Neugier diese fremde Umgebung.

Einen imposanten Eindruck muss auch das riesige

Raumschiff hinterlassen haben, welches fast die gesamte Lichtung ausfüllte. Es war rund, Lampen blinkten bunt und auf der einen Seite war eine große, mit Licht durchflutete Luke geöffnet. Im Schein der bunten Lichter schlurften die nun schon erwähnten Außerirdischen hin und her und ihre Köpfe wackelten gleichmäßig mit jedem Schritt auf und ab.

Dieser ungewöhnliche Anblick brachte so manchen Fuchs zum kichern. Doch die schlanken Silhouetten entsprachen genau meiner Vorstellung von Besuchern aus dem All. Beziehungsweise kenne ich diese Bilder aus diversen Filmen und Zeitschriften. Doch in einer Sache unterschieden sie sich, auf sehr sonderbare Art und Weise. Es wird dich bestimmt überraschen, denn jeder Einzelne von ihnen trug einen großen, dichten Schnurrbart mitten im Gesicht. Und über diesen strichen sie wohlwollend von Zeit zu Zeit.

Doch langsam mussten sie sich auf den Weg machen, um diesen fremden Planeten wieder zu verlassen. Denn die Nacht ging langsam zu Ende und sobald die ersten Sonnenstrahlen auf den Waldboden fielen, mussten sie schon längst verschwunden sein. Aber bevor sie sich von dem Wald und seinen Bewohnern verabschieden konnten, war es ihre Pflicht, ihre Arbeit zu Ende zu bringen, deretwegen sie diese lange Reise auf sich genommen hatten. Und so geschah es, dass der runde Mond mit erstaunten Augen beobachten konnte, wie die Außerirdischen zusammen mit der Gruppe von kleinen Robotern das Raumschiff mit Unmengen an Probematerial füllten. Erde, Tiere, Pflanzen, aber auch kleine Bäume oder Äste wurden hinein transportiert, bis das Raumschiff zum Bersten voll war. Zu guter Letzt drängten sich noch die zufriedenen Außerirdischen und die gehorsamen Roboter an Bord und suchten sich einen freien Platz zwischen den vielen Tieren, die mit verschlafenen Augen dem sonderbaren Geschehen folgten.

Als das Raumschiff endlich voll war, schloss sich knarrend die Luke und alle waren bereit, diesen Planeten zu verlassen. Du musst dir vorstellen, dass alle Insassen so dicht aneinander gedrängt waren, dass nicht einmal die kleine Eule, die oben im Baumwipfel saß, noch hineingepasst hätte. So konnte die Eule beobachten, wie die Maschinen des Raumschiffes langsam starteten, Rauch aufstieg und die Erde zu vibrieren begann. Langsam und zitternd hob das große runde Etwas vom weichen Waldboden ab, aber schon nach wenigen Metern verloren sie an Höhe und stürzten wieder zurück auf die Lichtung.

Die Außerirdischen sahen sich hilfesuchend an. Sie waren einfach zu schwer! Noch einmal probierten sie, das Raumschiff mit voller Energie zu starten. Aber auch dieser Versuch scheiterte und sie krachten so unsanft zu Boden, dass die Passagiere ordentlich durcheinander gerüttelt wurden. Es half alles nichts. Sie waren einfach zu schwer!

Deshalb öffnete sich die Luke und einer der Außerirdischen zeigte den Robotern den Weg nach draußen. Mit hängenden Metallköpfen mussten sie das Raumschiff verlassen, damit die Außerirdischen ein wenig an Gewicht sparen konnten. Schließlich hatten sie die ganze Nacht benötigt, um es mit Materialien und Lebewesen dieses fremden Planeten zu füllen und von dieser umfassenden Sammlung wollten sie nichts zurücklassen!

Somit war das Schicksal dieser kleinen Roboter besiegelt und als der letzte die Lichtung betreten hatte, schloss sich die Luke wieder hinter ihnen. Lichter begannen zu blinken, der Waldboden vibrierte und Rauch begann aufzusteigen. Diesmal schaffte es das Raumschiff, von der Lichtung abzuheben und an der kleinen Eule vorbeizufliegen, die unbeeindruckt ihre großen Augen schloss, um endlich ihre wohlverdiente Nachtruhe zu beginnen. Lautlos schwebte die fliegende Untertasse über die Baumwipfel hinweg und verschwand dann langsam am Himmel, verfolgt von einem Dutzend Roboteraugen, die auf der Lichtung zurückgelassen wurden.

Auf der Kommandobrücke strich man sich zufrieden über die buschigen Schnurrbärte. Die Sterne rasten an den Fenstern vorbei und einer der Außerirdischen tippte mit seinen langen, dürren Fingern einen Befehl in die Tastatur vor sich. Neben seinem großen Kopf hatte sich eine Kuh gezwängt, die zufrieden die Aussicht genoss und ungerührt den vorbeifliegenden Sternschnuppen hinterher sah. Mit größter Gelassenheit nahm sie zur Kenntnis, wie der Außerirdische seinen Befehl fertig geklopft hatte und dann mit seinem langen, dünnen Finger auf einen großen, roten Knopf drückte. Und wie du dir nun denken kannst, geschah dann etwas Außergewöhnliches.

02

WENN BLAU PLÖTZLICH ROT WIRD

…

WENN
BLAU
PLÖTZLICH
ROT
WIRD
...

Zerkratzt und zerbeult lag der kleine Roboter in der Dunkelheit, umschlungen von einer eisigen Kälte, die sich in dieser Nacht über das Kinderheim gelegt hatte. Umgeben von dem Leuchten der Sterne betrachtete er seinen geschundenen Metallkörper. Er griff mit seiner rechten Hand zu seinem linken Arm und hob ihn langsam in die Höhe. Dann ließ er ihn los und dieser sauste kraftlos nach unten. Er wußte in diesem Moment, dass er seinen linken Arm nie mehr wieder bewegen konnte. Aber er musste weitergehen! Während aus seinem Kopf einige Kabel heraus hingen und eine dunkle Flüssigkeit zu Boden tropfte, versuchte er sich langsam aufzurichten und rollte mühsam, krachend und surrend an der rauen Hauswand des alten Kinderheimes entlang. Er quälte sich durch ein Gebüsch, welches in seinem Zustand fast zu einer unüberwindbaren Blockade wurde, bis er endlich sein Ziel erreichte. Unter Sophies Zimmerfenster blieb er erschöpft im hellen Schein der Wegbeleuchtung stehen und blickte traurig nach oben. Irgendwie musste er ihr doch helfen können! Irgendwie musste er Georg warnen! Um auf sich aufmerksam zu machen, begann er leise jene Musik zu spielen, zu der die beiden Kinder wie bunte Schmetterlinge durch das Klassenzimmer getanzt waren. Blechern schwang sich die Musik durch die Nacht, in der Hoffnung, von Kinderohren erwischt zu werden. Hätte er weinen können, hätte er aufgrund seiner aussichtslosen Lage bestimmt Tränen vergossen.

Aber nein ... Jetzt habe ich doch einiges ausgelassen. Wo war ich in der Geschichte stehen geblieben? Ach ja, das Raumschiff flog voll gefüllt durch das Weltall und ließ die fleißigen Roboter auf dem fremden Planeten zurück. Dann drückte einer der Außerirdischen einen roten Knopf und etwas außergewöhliches passierte mit den Zurückgelassenen. Die auf ihren Bäuchen montierten Bildschirme zeigten in fremder Schrift den unheilbringenden Befehl an:

Automatisches Selbstzerstörungsprogramm aktiviert.

Darauf folgte ein Piepen und ein Surren, und kleine Rauchwölkchen stiegen aus ihnen empor. Ohne dagegen anzukämpfen und mit dem Willen ihrer Väter, lösten sich die Roboter langsam in Nichts auf. Zuerst die Arme, dann der Kopf und schließlich beugte sich der Körper seinem Schicksal. Ein unfassbares Ereignis! Der Reihe nach zerfielen sie in kleine Häufchen Staub, die von dem nächtlichen Wind im dunklen Wald verstreut wurden. Man könnte nun meinen, dass alle Beweise dieses nächtlichen Besuches vernichtet wurden, aber dem war nicht so. Denn mitten in dieser Wolke blieb ein kleiner Roboter zurück, der dem traurigen Treiben entsetzt zusah. Dann senkte er den Kopf und blickte auf seinen Bildschirm herab. Da tat sich nichts. Keine Nachricht. Kein Befehl.

Mit seinen metallenen Armen griff er durch die Wolke,

durch seine zu Staub zerfallenen Kollegen und ließ sie verwundert durch seine Finger rieseln. Warum blieb er verschont? Seine blauen Augen verfolgten die letzten Wölkchen, die sich liebevoll um die Bäume schlängelten und dann war er alleine.

Er war als Einziger übriggeblieben und ärgerte sich, dass sein letzter Auftrag wohl nicht funktioniert hatte. Seit seinem Bestehen übte er Befehle aus, immer zur vollsten Zufriedenheit seiner Auftraggeber. Bis jetzt hatte er noch nie versagt. Plötzlich ertönte auch aus seinem Körper ein grelles Piepen und auf seinem Bildschirm erschien:

..................*Unbekannter Fehler*..

.......*Automatische Selbstzerstörung abgebrochen*..................

.....................*Manueller Selbstzerstörungsprozess eingeleitet*..

Aus seinem Lautsprechermund ertönte nur noch ein leises „Oh-oh“ und dann verfärbten sich seine Augen zu einem verhängnisvollem Dunkelrot. Das Piepen wurde lauter und „*Selbstzerstörung*“ leuchtete wie wild auf seinem Bildschirm, während seine roten Augen einen mächtigen Baum anstarrten. Herausfordernd stand er vor ihm. Wenn er mit voller Geschwindigkeit dagegen rasen würde, würde wohl nur noch ein Haufen Schrott übrig bleiben. Zerstörung abgeschlossen! Alle Beweise wurden vernichtet! Der Befehl wurde erfolgreich ausgeführt!

So oder so ähnlich musste wohl seine Überlegung aus gesehen haben, denn dann begann er selbstbewusst mit der Ausführung. Hoffnungsvoll visierte er den Baum an, wartete auf den richtigen Augenblick und beschleunigte dann rasend schnell. Der Baum kam immer näher und näher und in gehorsamer Ausübung seines Befehles knallte er mit seinem Kopf gegen diese hölzerne Wand, die sein Ende sein sollte.

Die kleine Eule wurde durch diesen Krach wieder hochgeschreckt und beobachtete kopfschüttelnd diesen Akt der sinnlosen Selbstzerstörung. Da lag er nun, der kleine Roboter, am moosbedeckten Waldboden. Stille breitete sich wieder auf der Lichtung aus und die Eule beschloss, sich eine neue Bleibe zu suchen. Heute Nacht wurde sie hier definitiv genug gestört.

Langsam öffneten sich die Augen des kleinen Roboters, welche sich wieder in ein schönes Blau zurückgefärbt hatten. Genau wie du, so wunderte sich auch der Roboter, was gerade passiert war. Nachdem sich seine Augen Rot verfärbten, verlor er die Kontrolle und versuchte sich selbst zu zerstören. Welch grausames Schicksal! Doch am meisten haderte er mit der Tatsache, dass er nun alleine war. Schließlich wurde er auf dieser Lichtung zurückgelassen, weit weg von seiner geliebten Heimat. Ohne seine blechernen Kollegen, die sich in Luft aufgelöst hatten. Ohne seine Befehlsgeber, deren Raumschiff am Himmel nicht mehr zu erkennen war; so, als wären sie nie da gewesen. Und obendrein war sein letzter Auftrag, sich selbst zu zerstören, fehlgeschlagen. So sollte diese Mission auf diesem Planeten nicht enden. So war das alles nicht geplant! Was für eine Enttäuschung! Aber vielleicht flaute sein anfänglicher Frust schneller ab, als wir uns dies vorstellen können. Denn schließlich hatte er nun die Möglichkeit, diesen fremden Planeten alleine zu erkunden. Aber ob er tatsächlich Glück und Enttäuschung empfinden konnte, kann ich euch nicht mit vollster Überzeugung sagen. Vielleicht war es ihm auch egal. Aber was weiß ich schon.

Schließlich machte er sich auf den Weg, diesen Planeten, seine neue Heimat, kennenzulernen. Zum ersten Mal in seinem Leben war er frei von Befehlen und Aufträgen und niemand konnte ihm vorschreiben, wohin er gehen sollte. Und so rollte er, losgelöst und wissensdurstig, zwischen den Bäumen hindurch und sah wunderschöne bunte Schmetterlinge, die zusammen mit der hellen Sonne aufwachten und über mit Morgentau bedeckten Blumen flogen. Doch auch die Sonne wollte beeindrucken, und so warf sie durch das Blätterwerk des Waldes tausende tanzende Münzen aus flitterndem Gold. Erstaunt beobachtete der Roboter das Glitzern auf den Bäumen und dem Waldboden und das Erwachen seiner Umgebung. Aber am besten gefielen ihm die vielen munter werdenden Vögel, die in den verschiedensten Farben um ihn herum flogen und mit ihren morgendlichen Gesangsübungen den Tag und ihn willkommen hießen. Gekonnt sang er mit ihnen die schönsten Morgenlieder und rollte singend und neugierig durch den erwachenden Wald.

Bald hatte er den Waldrand erreicht und stand vor einer asphaltierten Landstraße, die von einem Horizont zum anderen zu reichen schien. Plötzlich zerriss ein gewaltiger Donner die friedliche Stille und ein riesiger LKW schoss von links nach rechts an ihm vorbei. Der Asphalt vibrierte und der Fahrtwind wirbelte ihn die Straße entlang. Was für ein gefährlicher Ort für so einen kleinen Roboter! Er richtete sich wieder auf und prompt wurden seine Augen wieder rot und auf seinem Bildschirm erschien wieder die Anzeige *„Selbstzerstörung"*. Willenlos bewegte er sich auf die Mitte der Fahrbahn, um auf das nächste Straßenungeheuer zu warten. Und er wartete und wartete. Doch er blieb alleine auf dieser ewig langen Straße. Kein LKW kam vorbei um ihn zu erlösen und um die letzten Beweise dieser geheimen Mission zu vernichten.

Nachdem der Roboter eine kleine Ewigkeit auf der gefährlichen Fahrbahnmitte ausharrte, verfärbten sich seine Augen wieder blau und mit einem Schlag kam er wieder zu Bewusstsein. Schnell fuhr er zum sicheren Straßenrand und setzte dort seine Reise langsam und doch etwas verunsichert fort.

Da begann der Boden erneut zu vibrieren und seine Augen begegneten einem immer näher kommenden LKW. Innerhalb eines Momentes wurde aus Blau wieder Rot und er sprang erneut auf die Mitte der Straße, um dort auf den erlösenden Aufprall zu warten. Der mächtige LKW raste auf ihn zu, kam näher und näher und schoss dann über ihn hinweg. Ich habe noch nicht erwähnt, wie klein dieser Roboter war. Vielleicht so groß wie ein kleiner Rucksack und das war doch zu klein für dieses riesige Straßenungeheuer, welches über ihn hinwegbrauste und ihn dabei nicht einmal berührte.

Nachdem der LKW verschwunden war, wurden seine Augen wieder blau und er konnte erleichtert die Straße weiter entlang rollen. Da auf diesem Weg nichts weiter Erzählenswertes passierte, möchte ich die Zeit nützen, um dir den Roboter ein wenig zu beschreiben. Er hatte links und rechts jeweils einen Metallarm, auf seinem Bauch einen großen Bildschirm und darunter ein Rad um sich fortzubewegen. Ach ja, sein großer Kopf hatte vorne zwei blaue Augen montiert, die suchend die Straße entlang blickten, bis sie in der Ferne etwas Seltsames entdeckten. Vor ihm baute sich ein großes, dunkles Gebäude auf, dem er sich nun neugierig näherte. Er erkannte einen mit Efeu bewachsenen Zaun und in den grauen Mauern waren schwarze Fenster, hinter denen der Schlaf noch hauste.

Wieder fing der Boden an zu vibrieren und schnaufend kam ein LKW auf ihn zugerauscht. Doch diesmal blieben seine Augen blau. Anscheinend konnte sein Programm in diesen mächtigen Monstern keine Gefahr mehr erkennen.

Und so rollte der Roboter, unbeeindruckt von dem Getöse, weiter auf das mächtige Gebäude zu und erkannte hinter dem Zaun eine vom Morgentau glänzende grüne Wiese, die von der aufgehenden Sonne langsam getrocknet wurde. Die aufdringliche Anwesenheit des LKW störte ihn in keinster Weise, doch dieser LKW war etwas kleiner als die bisherigen und „BANG" erwischte er ihn an der Seite.

Der kleine Roboter flog im hohen Bogen durch die Luft, knallte unsanft zu Boden und wirbelte eine Böschung hinunter. Immer wieder überschlug er sich, bis er endlich im Dickicht liegen blieb. Bevor jedoch seine Augen erloschen, konnte er der aufgehenden Sonne entgegenblicken. Dann wurde es dunkel. Die Vögel zwitscherten weiter und auch die Schmetterlinge hatten nichts gemerkt.

03

WENN EIN KENNEN-LERNEN ANDERS ENDET …

Erst viele Jahre später konnte Sophie den Mut aufbringen, mir zu erzählen, wie diese lange dünne Schere in der Hand zitterte. Wie sie durch einen Schleier der Tränen in die Blutlache starrte. Ein See aus dunklem Rot, welcher sich immer weiter in diesem kalten Zimmer ausbreitete. Wie sie hören konnte, als die Blutstropfen zähflüssig von der Spitze der Schere zu Boden tropften. So langsam, dass man meinen konnte, die Zeit stünde still, als ob diese Vollmondnacht nie zu Ende gehen würde. Und in gewisser Weise war dem auch so. Diese Nacht würde für immer in ihrem Gedächtnis bleiben. Wie eine Narbe, die dich dein Leben lang begleitet. Mit Tränen in den Augen erzählte sie mir, wie sie den toten Körper betrachtete und nicht die Kraft hatte, ihren Blick davon abzuwenden. Genauso wenig konnte der Mond wegsehen, der das gesamte Zimmer ausleuchtete, damit dem armen Mädchen kein einziges grausames Detail entgehen konnte. Das viele Blut, das verzerrte Gesicht eines Toten, die offene Wunde, aus der schier unendlich viel Rot floss und dann das Geräusch einer sich schließenden Tür. Doch bevor ich dir erzählen kann, wie dieser Körper zu Boden ging und wie Sophie ihre Tränen vergoss, musste noch ein Menge passieren. Allem voran betrat ein kleiner Junge die Bühne dieser Geschichte.

Kreischende Schrauben wurden knackend in Metall gedreht und getrennte Teile wurden wieder zusammen gelötet. Leichte Hammerschläge hallten einsam durch die dunklen Gänge und weckten so manch leichten Kinderschlaf. Flackernd erwachten zuerst die elektronischen Augen, dann begann der Bildschirm zu leuchten und verschiedene Zeichen flimmerten hin und her. Es war bestimmt ein faszinierender Anblick, wie der Roboter aus der Dunkelheit gerissen wurde und im hellen Schein der Schreibtischlampe erwachte. Doch aus dem Mund des kleinen Jungen, der über den noch kleineren Roboter gebeugt war, entsprang nur ein tonloses „WOW". Ich glaube, etwas Besseres wäre wohl niemandem in dieser Situation eingefallen.

Dieser kleine und schmächtige Junge, namens Georg, hatte den zerbeulten und eher nach Müll aussehenden Roboter vor dem Kinderheim gefunden und in sein Zimmer mitgenommen. Dort hatte er solange an ihm geschraubt, geklebt, gelötet und mit kindlichem Geschick und Fantasie an ihm gebastelt, bis die Roboteraugen wieder anfingen blau zu leuchten und dem kleinen Jungen neugierig entgegen sahen.

So ein seltsames Wesen hatte er vorhin im Wald nicht entdecken können! Doch bevor der Roboter seine neue Umgebung richtig wahrnehmen konnte, wurde er auch schon von Georg geschnappt und in dessen Rucksack gesteckt. Diesen schwang er sich über die

Schulter und stürmte in seiner kindlichen Aufregung aus seinem Zimmer. Atemlos lief er über den Linoleumboden des Ganges, um seiner besten Freundin davon zu berichten. Sophie würde Augen machen, wenn er sie mit seiner neuen Entdeckung überraschen würde. Da versperrte ihm plötzlich ein Kinderbein den Weg und Georg knallte zu Boden, um dort noch ein wenig vorwärts zu rutschen. Mit seinem Kopf schlug er so unglücklich auf, dass die Haut an dieser Stelle aufplatzte und sein Blut den Boden verzierte. Dann drang der Geruch von billigem Boden-Putzmittel in seine Nase und ein lautes Pfeifen machte sich in seinen Ohren breit. Kurz wurde ihm schwarz vor Augen, doch dann konnte er den bösartigen Eigentümer des Beines erkennen.

Es gehörte Stefan, der mit seinen Jungs vor Georg stand und laut lachte. Aber das war für diese Prügelknaben noch nicht genug Boshaftigkeit. Voller Stumpfsinn quälten sie den am Boden liegenden Jungen mit ein paar Fußtritten und verbalen Tiefschlägen, ohne von dem Lehrpersonal entdeckt zu werden. Da Stefan nicht ganz unwesentlich für den weiteren Verlauf dieser Geschichte ist, sollten wir uns die Zeit nehmen, um diesen Unruhestifter und Raufbold etwas genauer zu beschreiben.

Er war einer der älteren Kinder in diesem Kinderheim und um einiges größer und kräftiger als Georg. Dieser Junge war wirklich brutal und gemein und vor allem die Kleineren hatten große Angst vor ihm. Da gab es öfter Schläge auf den Gängen, oder die Buben wurden in die Mädchengarderobe gesperrt (in diesem Alter natürlich sehr unangenehm, vor allem wenn man auch der Hose beraubt wurde). Es waren vorwiegend bösartige Streiche, über die die Anderen auch gerne lachten. Aber an der Stelle des Betroffenen wollte niemand sein. Du fragst dich nun, warum er so gemein war? Ein Grund könnte sein, dass er wusste, dass seine Chancen, adoptiert zu werden immer geringer wurden. Denn der Wunsch der zukünftigen Eltern beinhaltete öfter, eigentlich fast ausschließlich, im Grunde genommen doch immer, die Adoption eines kleinen, süßen Kindes. Und Stefan als süß zu beschreiben wäre wohl eine maßlose Übertreibung gewesen. Und diesen Unmut, die Zurückweisung und seine Verzweiflung ließ er des Öfteren, mit größter Leidenschaft, an den Schwächeren aus.

Da Georg zu den Schwächsten gehörte, hackte Stefan regelmäßig auf ihm herum. Hinzu kam, dass sich Georg gerne von den anderen Kindern distanzierte und lieber alleine in seinem Zimmer blieb. Man kann schon behaupten, dass er einen eher sonderbaren Eindruck auf die anderen Kinder hinterlassen hatte. Und, mit dem Ruf des Sonderbaren und seiner auffallend schmächtigen Statur, war er ein gern gesehenes Opfer für diverse Streiche.

Als jedoch die Burschen die offene Wunde auf Georgs Stirn bemerkten, ließen sie von ihm ab und rannten auf den Sportplatz vor der Tür, um dort ihren Flausen im Kopf nachzugehen. Der Roboter konnte derweil das ganze Geschehen aus dem Rucksack beobachten, kletterte dann heraus und bewegte sich nun neugierig auf seinen Retter zu. Als er ganz nahe vor ihm stand, untersuchte er den Jungen mit ganzem Interesse. Vor allem die offene Wunde weckte seine Neugier. Schließlich berührte er mit seinen Fingern das blutverschmierte Gesicht und analysierte es mit seinen Sensoren.

Von Georgs Stirn rann das Blut in einer dünnen Bahn über seine Wange und tropfte langsam zu Boden. Doch Schmerzen hatte er keine. Viel zu gespannt war er, was der Roboter wohl machen würde. Noch nie hatte er einen echten Roboter gesehen. Einen der sich ohne Fernsteuerung bewegt, einen der selbst Entscheidungen treffen konnte, einen der lebt, einen der ohne Vorwarnung seine Wunde anstupste! Das tat nun doch weh! Ein greller Blitz schoss durch Georgs Kopf und entlud sich in einem lauten Kinderschrei. Dann floss ein Schwall Tränen aus seinen Augen und vermischte sich mit seinem Blut.

Der Roboter beobachtete, wie Georg seine Hand auf die Wunde presste, um den Schmerz sich nicht weiter entfalten zu lassen. Er blickte auf seinen reparierten

Körper und beschloss in diesem Moment, dass er den Jungen beschützen würde, egal welches Unheil auch passieren möge.

Behutsam schob er Georgs Hand zur Seite, doch dieser wollte sich zuerst wegdrehen, schließlich hatte er den Schmerz von vorhin nicht vergessen. Aber aus irgendeinem Grund hielt er trotzdem inne. Sei es aus Neugier oder aufgrund der nahenden Ohnmacht, er begann dem Roboter zu vertrauen. Leicht benommen beobachtete er, wie der metallene Arm immer näher und näher kam. Doch diesmal schoss aus dem Finger ein dünner Strahl (vielleicht eine Art Laser), der die klaffende Öffnung auf seiner Stirn Millimeter für Millimeter kleiner werden ließ, bis sie zur Gänze geschlossen war.

Mit blutverschmiertem Gesicht und mit einer kleinen Narbe auf der Stirn erreichte Georg endlich Sophies Zimmertür. Aber niemand machte ihm auf. Niemand reagierte auf das zarte Klopfen seiner kleinen Faust. Er verweilte ein paar Minuten ungeduldig vor ihrer Tür, dann vergingen noch ein paar weitere und trotzdem blieb sie verschlossen. Enttäuscht schlich er in sein Zimmer zurück, in dem zwei Betten standen, obwohl er hier der einzige Bewohner war. Er stellte seine Tasche auf das unbenützte Bett und nahm den Roboter vorsichtig heraus. Neugierig hob er ihn in die Höhe, betrachtete ihn von allen Seiten und stellte ihn schließlich auf seinen Schreibtisch. Inmitten eines Durcheinanders von Kabeln und kleinem Werkzeug stand nun der Roboter und beobachtete, wie Georg sich mit einem Taschentuch sein blutverschmiertes Gesicht säuberte. Neugierig griff der Junge auf seine Stirn, auf der erfolglosen Suche nach seiner Verletzung und über seine Lippen kam erneut, ein leises „Wow".

So wie Georg es von seinen Lehrern gelernt hatte, stellte er sich höflich vor und erzählte von dem Kinderheim, in dem er lebte, da er keine eigene Familie hatte. Diese hatte er zumindest nie kennengelernt, aber es war auch möglich, dass er sich einfach nicht mehr an sie erinnern konnte. Das Zimmer, in dem sie sich nun befanden, sei seines und hinter den Fenstern erstreckte sich eine große Wiese um zu spielen oder zu träumen. Seine Lieblingsspeise sei Pizza, aber die gebe es leider viel zu selten. Er habe sich schon ein paar Mal beschwert, aber seinem Anliegen habe man anscheinend nicht die notwendige Bedeutung geschenkt. Aber das Schönste und Größte und Überwältigendste ist, wenn es im Fernsehen seine Lieblingsserie spielt, „Magnum".

Mit leuchtenden Augen erzählte er immer wieder von dem Detektiv auf Hawaii mit dem dichten Schnurrbart. Wörter und Geschichten sprudelten wild und durcheinander aus seinem Kindermund und so sprach er auch von dem blöden Stefan, der ihn nie in Ruhe ließ und von seiner einzigen Freundin Sophie. Als er von ihr sprach, wurden seine Wangen ganz rot und der Klang seiner Stimme wurde euphorisch. 1000 kleine Schmetterlinge begannen in seinem Bauch zu wirbeln und zauberten ein Lächeln auf seine Lippen. Gerne würde er Sophie erzählen, was er für sie empfand, aber Georg war zu schüchtern und zu schwach um seinen Gefühlen Ausdruck zu verleihen. Von den anderen Kindern hatte er übrigens nicht so viel zu berichten. Sie seien „OK“, aber mit denen hatte er eigentlich nicht so viel zu tun.

Während der Roboter gespannt zuhörte, fischte Georg eine Stadtkarte aus einer Mappe und breitete sie auf dem Tisch aus. Mit seinem Finger deutete er auf einen Ort, an dem er das Kinderheim vermutete und nun war der Roboter an der Reihe zu zeigen, wo seine Heimat war. Auf seinem Bildschirm erschien ebenfalls eine Landkarte und dann zoomte er aus dem Bild heraus. Man sah das Land, den Kontinent, die Erde, Sterne und Galaxien, bis ein kleiner Planet auftauchte. Dort war also sein Zuhause! Von so weit weg kam er her! Dieser Planet war bestimmt Alpha-7, dachte sich Georg. Davon hatte er in seinen billigen Science-Fiction-Heften gelesen. Ein Planet, der ganz weit entfernt war und von Außerirdischen bewohnt wurde, die mit Raumschiffen flogen und kleine Roboter hatten. Mit großen Augen lies Georg das Geschehene Revue passieren. Ein außerirdischer Roboter von

Alpha-7! In seinem Zimmer! Einer der seine Wunden heilen konnte! Und ER hatte ihn ganz allein wieder zusammengebaut! Über seine Lippen brachte er ein leidenschaftliches "WOW".

Während sich Georg total verblüfft auf seinen Sessel fallen ließ, begann der Roboter zum ersten Mal seine Blicke durch dieses kleine Zimmer schweifen zu lassen und entdeckte ein Poster von Tom Selleck aus der TV-Serie „Magnum". Mit seinem Hawaiihemd und dem dichten Schnurrbart im Gesicht grinste er dem Roboter entgegen. Dieser war plötzlich hin und weg, war außer sich vor digitaler Freude und salutierte ehrfurchtserhaben vor dem bärtigen Detektiv. Er dachte wohl, es handelte sich, aufgrund des dichten Schnurrbartes, um einen Außerirdischen. Aber Georg hatte dieses Verhalten ein wenig anders interpretiert.

Der Roboter zeigte auf seinen Bildschirm, worauf das Gesicht eines Außerirdischen erschien, mit riesigem Schnurrbart. „Wow", entsprang zum wiederholten Male Georgs Mund. „Du meinst, Magnum kommt auch von Alpha-7?" Der Blick des Roboters wanderte weiter durch den Raum und blieb an der Tischkante hängen. Hinter dieser Kante war ein Abgrund und schon verfärbten sich seine Augen rot. Zielstrebig bewegte er sich auf den Rand des Tisches zu und stürzte sich ohne zu zögern kopfüber hinab.

04

WENN DIE WOLKEN UNS TRÄUMEN LASSEN

• • •

WENN DIE WOLKEN UNS TRÄUMEN LASSEN ...

Im Mond saß ein besorgter alter Mann, der mit traurigen Augen in das Büro blickte. Dort lag ein kalter Körper, der hin und wieder ein zähes und lautloses Stöhnen von sich gab, so als ob der Geist auf diesem Wege langsam den geschundenen Körper verlassen wollte. Es mag dich überraschen, aber es ist wirklich erstaunlich, wie leicht eine Schere in den Körper eines Menschen eindringen kann. Man benötigt fast keine Anstrengung. Wenn einmal die Haut durchdrungen ist, rutscht sie von alleine weiter und schon steckt sie in einem Bauch. Dann wurde sie wieder herausgezogen, gefolgt von Blut, welches sich den Weg nach draußen bahnte. Zuerst verfärbte sich nur das Hemd. Ein roter Fleck, der größer und größer wurde, bis es dann langsam zu Boden tropfte. Durch das kleine Loch, welches die Schere hinterlassen hatte, pulsierte der Körper das Blut immer weiter hervor, bis der ganze Boden mit Rot bedeckt war und die kleinen Kinderfüße bedrohlich umschloss. Wenn man schnell Hilfe geholt hätte, hätte man ihn vielleicht noch retten können, doch aufgrund des großen und schnellen Blutverlusts wurde der Körper immer schwächer und schwächer. Schließlich sank er auf die Knie, legte sich zur Seite und verlor letztendlich seinen Lebenswillen. Habe ich schon erzählt, wie Sophie den Roboter zum ersten Mal zu Gesicht bekam?

In Georgs Zimmer war es ganz still. Eigentlich hätte er sich darüber Gedanken machen sollen, warum Sophie nicht auf ihrem Zimmer war. Aber stattdessen hielt er verwundert den todeswilligen Roboter in seinen Händen, der gerade von der Tischkante gesprungen war. Kopfschüttelnd zeigte ihm Georg das unbenützte Bett neben seinem. Dieses könne er haben, falls er möchte. Schließlich bewohnt er dieses Zimmer ganz alleine. Aber schlafen Roboter überhaupt? Und wenn ja, brauchen sie ein Bett? Und wenn sie schlafen, wovon träumen sie dann?

Georg konnte an diesem Tag zum ersten Mal seine Spielsachen und sein Werkzeug jemandem zeigen. Und dies tat er sehr ausführlich und mit jeder Menge Stolz. Selbst seiner Freundin Sophie hatte er nichts von seinen Basteleien verraten. Denn es war ihm ein klein wenig peinlich, dass er sich viel lieber alleine in seinem Zimmer mit seinen Werkzeugen und alten Radios beschäftigte, während die anderen Kinder mit größter Begeisterung gemeinsam spielten. Und dann überlegte er für einen kurzen Moment, ob er vielleicht wirklich so eigenartig war, wie die anderen Kinder immer behaupteten. Aber dieser Gedanke war auch schnell wieder verflogen. Vielleicht wollte er einfach nicht so sein wie die Anderen. Denn wer bestimmt schon was seltsam ist und was nicht? Vielleicht ist er einfach anders als die Anderen. Nicht besser und schon garnicht schlechter, einfach nur anders.

Zu guter Letzt musste er ihm sein selbst repariertes Radio vorführen. Denn dies war sein ganzer Stolz! Er hatte es vor einigen Wochen im Müll gefunden und nach einigen Tagen konnte er es tatsächlich wieder zum Spielen bringen.

Doch zuerst zischten ein paar Funken aus der Steckdose, erst dann wurde der Raum mit einer wunderschönen Melodie gefüllt. Stolz wartete Georg auf ein Lob und etwas Anerkennung, aber der Roboter hatte sich schon längst auf etwas ganz anderes konzentriert. Seine Augen hatten sich wieder zu einem blutigen Rot verfärbt und starrten auf die Steckdose, aus der der tödliche Glitzer sprang. Neugierig fummlte er an dem Kabel herum und siehe da, kleine verheißungsvolle Funken begannen vor ihm zu tanzen. Mit einem Ruck riss er den Stecker heraus und hielt ihn sich an den Kopf. Natürlich geschah nichts! Aber wenn der Stecker nicht gefährlich war, vielleicht war es dann die Steckdose?

Georg beobachtete ihn, wie er langsam zu der Funkenquelle fuhr, um diese näher zu begutachten. Da würde er nicht hingreifen, sagte Georg. Aber da steckte schon der Finger in der Steckdose und mit einem lauten Krach wurde der Roboter durch das gesamte Zimmer geworfen. Kleine Rauchfähnchen kringelten sich um seinen Körper und zeigten, wie gewaltig dieser Stromschlag gewesen sein musste.

Wieder im Klassenzimmer sitzend, konnte es Georg kaum erwarten sein neues Geheimnis mit Sophie zu teilen. Doch leider musste er sich bis zur großen Pause gedulden, bis sie sich endlich wiedersehen konnten. Und während er die Pausenglocke herbeisehnte, erinnerte er sich an ihre erste Begegnung. Eigentlich ist es sogar seine aller erste Erinnerung. Sie nahm damals seine Hand und setzte ihn neben sich an den Esstisch. Die kleine Sophie beeindruckte ihn auf der Stelle als das wunderbarste und großartigste Geschöpf in diesen Gemäuern. Sie war das bezauberndste Mädchen, das er jemals kennengelernt hatte und vom ersten Tag an wollte er für immer bei ihr sein, wollte für immer für sie da sein.

Aber Georg war nicht der einzige Junge, der um ihre Freundschaft buhlte. Ich glaube, alle waren heimlich in Sophie verliebt, doch sie hatte kein Interesse an den Burschen in diesem Kinderheim. Sie hatte kein Interesse an all den blöden Sprüchen. Kein Interesse an den geheimen Briefen. Sie wollte mit niemandem Händchen halten und geküsst hatte sie auch noch niemanden. Georg war wahrscheinlich der einzige Junge, mit dem sie ihre Zeit verbrachte und das brachte ihm natürlich viel Ärger und Neid ein.

So wie in dieser großen Pause, als sie an einem Tisch im Freien saßen und gemeinsam Fruchtsaft aus kleinen Kartonpäckchen mit Strohhalmen tranken.

Es war ein wunderschöner Sonnentag, aber egal wie sich die beiden hinsetzten, andauernd wurden sie von der Sonne geblendet - unentwegt. Mit zugekniffenen Augen saßen sich die beiden gegenüber und Sophie biss gierig von einem Zimtbrötchen ab. Er müsse ihr nachher unbedingt etwas wahnsinnig Aufregendes zeigen, meinte Georg. Da er ihr dies in einem geheimnisvollen Ton zuflüsterte, wurde auch Sophie von der Neugier gepackt und konnte es gar nicht mehr erwarten, in dieses Geheimnis eingeweiht zu werden.

Doch jetzt war nicht die Zeit und hier war nicht der richtige Ort um Geheimnisse zu lüften. Deshalb verschlang Sophie das restliche Zimtbrötchen und verabschiedete sich mit einem Boxschlag gegen seine Schulter. Bitte nicht falsch verstehen, denn dies war ihre Art sich von Georg zu verabschieden. Manchmal trug Georg sogar einen blauen Fleck davon, den er dann tagelang stolz im Spiegel betrachtete. Als Geschenk und Trophäe empfand er diese kleinen Zeichen ihrer Freundschaft, die jedoch langsam wieder verblassten.

Auch diesmal hielt er sich mit seiner Hand die schmerzende Schulter und sah ihr nach, wie sie mit ihren Freundinnen lachte und Fangen spielte. Aber warum konnte sie sich nicht einmal normal verabschieden? Die Hand schütteln, vielleicht nur winken oder ein Küsschen auf seiner Wange hinterlassen? Bei diesem

Gedanken bekam er eine leichte Gänsehaut und ein angenehmes Gefühl machte sich in seinem Körper breit. Georg verlor sich ein wenig in seinen Gedanken, bis ihn Stefan aus seinen Tagträumen riss.

Während Georgs Schulter leicht pulsierte und sein Herz große Sprünge machte, schoss Stefan ein Beleidigungsfeuerwerk sondergleichen ab. Wieder war es Georgs Freundschaft zur hübschen Sophie, die Stefan wütend machte. Es kamen die üblichen und sehr unoriginellen Gehässigkeiten, über die Georg mit Leichtigkeit hinweghören konnte. Seine Ohren seien zu groß, er sei schwul und ein Schwächling. Wie sollte er auf „seine" Freundin aufpassen können. Er bräuchte doch selbst einen Beschützer, denn wehren könne er sich ja nicht. Schliesslich muss ein Mann seine Freundin beschützen können! Und um diesen Austausch an Nettigkeiten zu beenden, verabschiedete sich Stefan bei Georg mit einem leichten aber doch sehr spürbaren Boxschlag. Nach Luft ringend ließ sich dieser zu Boden fallen und hielt sich nun die Schulter und die Brust.

Erschöpft blieb Georg im Gras liegen, um den vorbeiziehenden Wolken nachzublicken. Neben ihm lag sein Rucksack, der sich nun langsam öffnete und der kleine Roboter blickte neugierig heraus. „Schau dir mal die fernen Wolken an. Weißt du was toll ist? Die Wolken können sein, was immer sie wollen, aber auch was ich will. Sie können groß und mächtig sein und im nächsten Moment wieder klein und flink. Manchmal sind sie ein Häschen und manchmal ein gefährlicher und starker Drache. Ab und zu wünsche ich mir, auch ich wäre jemand Anderer anderswo. So wie die Wolken, die soweit weg sind, dass man ihnen niemals weh tun kann. So wie die Wolken, die niemals alleine reisen." Und wie die beiden so da lagen, erzählte er dem Roboter von seinen Träumen.

Denn dort konnte er überall sein und mit jedem. An wunderschönen Orten, die er noch nie gesehen hatte, oder die es gar nicht gab. Dort konnte er machen, was er wollte und bekam auch alles, aber auch wirklich alles, was er sich wünschte. Dort hatte er Eltern und einen großen Bruder, der auf ihn aufpassen würde. Einen Vater mit dem er spielen konnte und eine Mutter, die ihn tröstete, falls er einmal traurig war. In seinen Träumen lebten sie alle in einem großen Haus, mit einem Garten und einer Schaukel im Baum. Dort könnte er spielen und träumen und nachmittags würde Sophie rüberkommen und sie würden sich an den Händen halten und durch den Garten laufen. Seine Mutter würde selbst gemachten Eistee bringen und sein Vater würde den beiden jedes mal seine Werkstatt zeigen, in der sie zusammen an tollen Erfindungen arbeiten würden; vielleicht sogar an einem eigenen Roboter. Da drehte sich Georg zu seinem neuen Freund und lachte.

Er erzählte ihm auch von der Sonne, die ihn immer absichtlich blendete. Egal wohin er ging, er hatte immer die Sonne im Gesicht. Der Mann im Mond sei da schon weitaus netter, auch wenn er etwas schrullig war. Dann erzählte er wie der Wind seine Tränen trocknete und natürlich auch von Sophie. Gerne hätte er, dass sie ihn nur ein einziges Mal so ansehen würde, wie die Musiklehrerin den Sportlehrer. Alle wussten doch, dass die beiden eine Romanze hatten und wenige Jahre später sollten sie sogar heiraten.

Georg deutete dem Roboter wie die Lehrerin den Sportlehrer in seinen kurzen Hosen aus der Ferne anschmachtete und dieser ihr ein Lächeln und ein Augenzwinkern schickte. Um ihr eine Kostprobe zu schenken, bückte er sich provokant, um einen Basketball aufzuheben und ließ dabei seinen Hintern wackeln. Während die Musiklehrerin vor Begeisterung dahinschmolz, verzogen Georg und sein neuer Freund angewidert das Gesicht.

Um von dem Gesehenem abzulenken, zeigte der Roboter in die vermutete Richtung seines Planeten. Georg erklärte ihm, dass er in seinen Träumen überall sein konnte, sogar dort. Er müsse sich nur ein wenig bemühen, die Augen schließen und seine Gedanken reisen lassen. Ob es der Roboter tatsächlich zustande brachte, weiß ich nicht. Vielleicht konnte ihm der kleine Junge wirklich das Träumen beibringen. Vielleicht konnte er tatsächlich kleine und größere Roboter in den Wolken erkennen und vielleicht lachte ihm sogar Tom Selleck (der Schauspieler aus der Serie Magnum) entgegen.

Immer wieder wurden Georgs Blicke von Sophie angezogen, die mit ihren Freundinnen Fangen spielte. Erhobene Arme fuchtelten durch die Luft, Kinderbeine schnellten über den Spielplatz und herzerhellendes Lachen hallte durch das Kinderheim. Alles schien perfekt zu sein. Georg sah auch, dass Professor Schulz die Mädchen von der Ferne aus beobachtete. Schließlich stand dieser von seinem Platz auf, nahm einen letzten Zug von seiner Zigarette, dämpfte sie zwischen Zeigefinger und Daumen aus und ließ den Stummel in seiner Sakkotasche verschwinden. Dann ging er auf die Gruppe Mädchen zu und holte Sophie zu sich.

Professor Schulz war der Mathematiklehrer im Heim und galt als nicht-sehr-beliebt. Nicht nur sein unheimliches Aussehen und der Gestank von kalten Zigaretten verbreiteten Unbehagen in seiner Gegenwart. Er hatte etwas Grausames und Falsches an sich, dass sich die Kinder jedoch nicht erklären konnten.

Der Professor wechselte ein paar Worte mit Sophie und das ansonst so lustige Mädchen wurde still und scheu. Mit gesenktem Kopf folgte sie ihm schliesslich in das große Gebäude, während sich eine dunkle Wolke vor die Sonne schob.

05

WENN ES ABENDS LICHTER REGNET …

WENN
ES
ABENDS
LICHTER
REGNET
...

Ich möchte mich bei dieser Gelegenheit entschuldigen, dass Sophie in dieser Geschichte noch immer nicht den Roboter zu Gesicht bekommen hat. Aber eine Sache ist mir gerade eingefallen. Das darf ich dir natürlich nicht vorenthalten, da es der eigentliche Grund ist, warum ich diese Geschichte erzählen möchte. Letztens habe ich Sophie wieder gesehen. Wir haben uns ganz zufällig auf der Straße getroffen, während wir zusammen auf den Bus warteten. Da der Bus an Pünktlichkeit vermissen ließ, nutzten wir die gewonnene Zeit und tauschten uns über die Vorkommnisse der letzten Jahre aus. Zuerst machten wir einander die üblichen Komplimente über unser gealtertes Aussehen und dann fragten wir, wie es dem Anderen so ergangen wäre. Den kleinen Georg vermisse sie noch immer sehr, aber sie war so glücklich, als sie das „Traumfänger" endlich verlassen konnte. Alles hinter sich lassen konnte. Alles loslassen konnte. Und da gehörte leider auch Georg dazu. Ihre neuen Eltern waren sehr fürsorglich gewesen und sie hatte bei ihnen eine tolle Kindheit und Jugend gehabt. Sie hatte ein Studium (welches, habe ich leider wieder vergessen) angefangen und mittlerweile hat sie sogar eine eigene Familie gegründet. Aber es hatte eine sehr lange Zeit benötigt, um die Vorkommnisse in dem Heim verarbeiten zu können. Doch manche Dinge wird die Arme wohl ihr Leben lang nicht vergessen. Insbesondere den kleinen Georg und natürlich den kleinen Roboter. Während wir voller Ungeduld auf das Eintreffen des Busses warteten, erzählte sie mir von damals, wie sie nach dem Abendessen den Roboter zum ersten Mal zu Gesicht bekam und mit Georg ausgelassen in einem der Klassenzimmer tanzte. Als sie mir diese Geschichte erzählte, hatte sie Tränen in den Augen, aber ein Lächeln im Gesicht.

In diesem Kinderheim war es Tradition und Vorschrift, dass alle Kinder und Lehrer gemeinsam im Speisesaal das Nachtmahl zu sich nahmen. Wie jeden Abend war dieser große Raum gefüllt mit einem Durcheinander an Kinderlachen und lauten Diskussionen. Immer wieder vernahm man einzelne Gesprächsfetzen. „Hast du schon gesehen, was der Markus heute gemacht hat? ... isst du das nicht ganz auf ... hey ... bist du deppert ..." Und so weiter und so fort. Der Sportlehrer und die Musiklehrerin warfen einander geheime Küsse zu und die Kinder kicherten darüber. Auch Professor Schulz saß wie immer an seinem Platz, aß gemütlich sein Essen und unterhielt sich angeregt mit seinen Kollegen. Man könnte meinen, wenn man nicht hinter die Fassade aus glänzenden Kinderaugen blickte, dass das Heim vor Heiterkeit und guter Laune zu platzen drohte. Aber im Gegensatz zu allen anderen gut gelaunten Kindern, saß Sophie an diesem Abend ganz still und alleine an ihrem Tisch und wühlte lustlos in ihrem Essen. Irgendwie sah sie verstört und verloren aus, umgeben von einer gewissen Einsamkeit.

Georg bemerkte ihr sonderbares Verhalten und versuchte ihr fragende Blicke zu schicken, die jedoch eher besorgt wirkten. Auch er saß alleine an einem Tisch. Nicht weil sich niemand zu ihm setzen wollte, sondern weil er sich selbst gerne die leeren Tische aussuchte. Die Anwesenheit der Anderen störte ihn zwar nicht, aber er legte es auch nicht wirklich darauf an, in deren Gesellschaft zu essen. Schließlich las er gerne während des Nachtmahls in seinen Heftchen über Detektive oder den Außerirdischen von Alpha-7.

Während Georg Sophie besorgt beobachtete, schlich sich Stefan mit seinen Freunden an ihn heran. Der Roboter war in Georgs Tasche versteckt und mußte mitansehen, wie Stefan in ein Glas mit Saft spuckte. Ein sehr ungustiöser Akt! Ohne dass es Georg bemerkte, konnte Stefan die Gläser austauschen und zog sich mit seinen Burschen kichernd zurück. Aus der Ferne wollten sie nun beobachten, wie Georg aus dem ekelhaften Glas den ersten Schluck nehmen sollte. Der Roboter wusste dies natürlich zu verhindern und fing an wie wild am Tischbein zu rütteln. Die Kinder verstummten im Saal und sahen zu Georg, der mit großen Augen auf den wackelnden Tisch und das umkippende Glas starrte, dessen ekelhafter Inhalt nun langsam zu Boden tropfte.

Mit scheuer Hast nahm Georg sein Tablett, verfluchte den unartigen Roboter (denn er wusste ja nicht von dem manipulierten Glas) und ging flink zu Sophies Tisch. Sie reagierte jedoch nicht, als er fragte, ob er sich zu ihr setzen dürfe, sondern starrte nur weiter vor sich hin. Verletzlich und zart sah sie aus, als wäre nur ihr Körper anwesend, während sich ihre Gedanken schon sehr weit weg befanden - in Sicherheit.

Wahrscheinlich überlegte sich Georg, ob und wie er ihr von seinem Roboter erzählen sollte ... Aber weil sie bloß stumm und mit starrem Blick ihren unberührten Teller betrachtete, entschied er sich, seine Entdeckung noch ein wenig für sich zu behalten. Zurückgezogen beobachtete der Roboter, wie die beiden still nebeneinander saßen, bis Stefan vorbeikam und Georg gegen den Kopf schlug. „Stimmungskanone", fauchte er ihm zu und deutete auf die trübsinnige Sophie. Stefans Freunde lachten mit ihm und gingen weiter, doch diesmal konnte sich der Roboter nicht mehr zurückhalten. Als Stefan neben Georgs Tasche vorbeiging und nach ihr trat, schlug der Roboter mit seiner Faust gegen Stefans Knöchel.

Ich brauche wohl nicht näher auszuführen, wie sehr dieser Schlag schmerzte! Man hörte wie der Knochen in Zwei brach und auch die weinerlichen Schreie von Stefan hallten durch den Saal, während sich sein Gesicht zu einer schmerzverzerrten Grimasse verzog.

Die Kinder und Lehrer bildeten sofort um den leidenden Stefan einen Kreis, damit alle einen guten Blick auf dieses Ereignis hatten. Während sich der Sportlehrer um das gebrochene Bein kümmerte, drückte sich die Musiklehrerin fest an ihn und schnurrte aufgrund der Nähe und Wärme des durchtrainierten Körpers und der Fürsorge ihres Kollegen. Diese Ablenkung nützte der Roboter und die Tasche schoss über den Boden. Georg schnappte sich Sophies Hand und lief mit ihr der davoneilenden Tasche hinterher. Diese flitzte aus dem Speisesaal, den Gang entlang und schließlich in ein leeres Klassenzimmer hinein.

Die beiden Kinder betraten luftringend und mit roten Gesichtern den Raum und hinter ihnen schloss sich die Tür mit einem lauten Knall. Dann kletterte der Roboter auf den Tisch und präsentierte sich der staunenden Sophie. „Er ist von Alpha-7“, flüsterte ihr Georg leise ins Kinderohr. Sophie war begeistert! Alle ihre Sorgen und Probleme schienen wie weggeflogen, alle schlechten Gedanken und bösen Erinnerungen waren in diesem Moment aus ihren Köpfen verschwunden. Alle bösen Träume und das Weinen in der Nacht waren ganz weit weg und die beiden Kinder fühlten sich nicht mehr allein. Hier machte die Lebensgeschichte der beiden Kinder einen gewaltigen Knick und ein neues Kapitel in ihrem noch so jungen Leben hatte begonnen.

Georg erzählte Sophie stolz, wie er den Roboter neben der Straße gefunden und anschließend in seinem Zimmer repariert hatte. Während er erzählte und Sophie zwischen dem Roboter und Georgs funkelnden Augen hin und her gerissen war, entdeckte der Roboter eine Schere auf dem Tisch. Sofort verfärbten sich seine Augen wieder rot und er versuchte diesen spitzen und gefährlichen Gegenstand an sich zu nehmen.

Doch Georg war schneller und nahm die Schere vom Tisch. Er dachte schon, er hätte die Situation gerettet, doch der Roboter hatte bereits die Tischkante ins Visier genommen und stürzte sich kopfüber hinab. Diesmal war Georg nicht so schnell und der Roboter landete krachend auf seinem Gesicht. Er machte ein Geräusch, welches sich ein wenig wie „au" anhörte (dies hatte er vorhin von Stefan gelernt).

Die Fallhöhe war jedoch nicht wirklich gefährlich. So konnte sich dieser kleine robuste Blechfreund nicht seinem Schicksal ergeben. „Irgendwie möchte er sich andauernd selbst zerstören." „Irgendwie verstehe ich ihn ganz gut", sagte Sophie. Zwischen den beiden Kindern wurde es plötzlich still und ihre traurigen Augen erzeugten ein fragendes Runzeln auf seiner Stirn.

Da begann der Roboter Musik zu spielen und bunte Lichter an die Wand zu projizieren. Die Kinder hielten sich die Rippen vor lauter Lachen und es schien, dass auch der kleine Roboter eine Freude dabei hatte. Wohlwollend beobachtete er die zwei Kinder, die sich an den Händen packten und durch das Klassenzimmer tanzten. Ganz so, als wären sie in dem Garten, von dem Georg ihm erzählt hatte: Die Sonne scheint auf sie herab, die Vögel zwitschern ihre Lieder und Tom Selleck bringt ihnen leckeren Eistee. Es war ein wunderschöner bunter Traum.

06

WENN DIE SONNE UNS IMMER BLENDET …

WENN DIE SONNE UNS IMMER BLENDET ...

Bei mir zuhause steht ein kleines Transistorradio. Immer wenn ich daran vorbeigehe, muss ich kurz stehenbleiben und dann erinnere ich mich zurück an das Kinderheim, an die anderen Kinder, an Georg und Sophie. Und natürlich auch an den kleinen Roboter. Ich habe es damals selbst zusammengebaut und niemand geringerer als Georg hat mir dabei geholfen. Er hat mir damals beigebracht, welche Teile man wie und wo zusammen löten musste. Und gemeinsam haben wir es tatsächlich zum spielen gebracht. Eigentlich unglaublich, dass es noch immer funktioniert. So unglaublich wie die ganze Geschichte, die ich dir hier erzähle. Eine andere schöne Erinnerung ist diese unglaublich grüne Wiese, auf der wir Kinder unsere Pausen verbrachten. In meiner Erinnerung war sie so grün, als hätte jemand jeden einzelnen Grashalm mit grüner Farbe bestrichen. Diese Symmetrie der Natur, der belebende Duft, die Insekten die darin herum wühlten - alles war perfekt. Und auf dieser Wiese wurde Fußball und Fangen gespielt, gelacht und wenn jemand hinfiel, auch geweint. Aber eines lernst du sehr schnell an so einem Ort: wenn du hinfällst, egal wie viel Blut fließt und wie viele Tränen deine Wangen herabrinnen, wisch sie dir ab und steh alleine wieder auf! Denn niemand anderer wird dir helfen. Nur was tust du, wenn du nicht mehr ohne Hilfe aufstehen kannst?

Georg und Sophie lagen oft auf dieser unglaublich grünen Wiese. Natürlich war auch jedes Mal der Roboter mit ihnen, der ihr Zusammensein mit leiser Musik untermalte. So lagen sie am Rücken, starrten in die Wolken und ließen ihre Träume durch die Lüfte fliegen. Im Hintergrund humpelte Stefan vorbei, dessen Bein in Gips gehüllt war und nickte Georg höflich zu. Ja, du hast richtig gelesen. Er nickte ihm höflich und freundlich zu! Dies war auch für Stefan eine wichtige Episode in seinem Leben, weshalb ich ihm die nächsten Zeilen widmen möchte.

Dieser kleine Raufbold war nach dem Vorfall im Speisesaal nicht mehr in der Lage, sich zu prügeln oder Streiche zu spielen. Aufgrund seiner Verletzung konnte er die anderen Kinder nicht mehr einschüchtern, sie zum Weinen oder Bluten bringen. In den ersten Tagen versuchte er noch, genau so bösartig zu sein, wie vor seinem Knochenbruch, aber seine harte Fassade begann langsam aufzubrechen. Schließlich benötigte er nun in vielen Lebenslagen die Hilfe der anderen Kinder. Beim Treppensteigen, Türen öffnen oder ab und zu beim Anziehen.

Da er nun seine körperliche Überlegenheit verloren hatte, hatte seine Figur etwas Tragisches. Doch die Kinder, die er so lange gequält hatte und die Lehrer, deren Blut er zum Kochen brachte, halfen ihm fürsorglich bei jeder Gelegenheit. Er musste sie nicht zwingen, musste ihnen nicht drohen oder sie beschimpfen. Sie taten es mit einer aufopfernden Hilfsbereitschaft, die man gerne seinen Mitmenschen entgegenbringt. Und Stefan sagte zum ersten Mal: Danke! Es kam zu Beginn nur sehr schwer über seine zornigen Lippen. Aber er meinte es absolut ehrlich, er war seinen Mitschülern und Lehrern wirklich vom Herzen für ihre Hilfe dankbar. Eine große Erkenntnis für Stefan, aber er verstand nun auch etwas Anderes. Behandle deine Mitmenschen so, wie auch du von ihnen behandelt werden möchtest! Dies hatten ihm seine Lehrer immer gepredigt und nun verstand er auch, was man ihm damit sagen wollte. Somit ging diese Tyrannei zu Ende, jedoch waren die Albträume noch nicht aus dem Kinderheim verflogen.

Ein anderes buntes Phänomen war, dass alle Kinder seinen Gips bemalen, verzieren oder bloß darauf unterschreiben wollten. Schließlich kam es nicht so oft vor, dass hier ein Kind einen Gips bekam. Eigentlich fast nie. Und da er farblos und langweilig aussah, wollten die Kinder den weißen Gips verschönern. Ich brauche wohl nicht zu erwähnen, dass dies Stefan zuerst sehr wütend machte. Er drohte sogar jeden einzelnen zu verprügeln, der nur in die Nähe seines Gipsbeins kam. Es war sein Gips!

Aber schon bald erkannte er, dass die anderen Kinder nicht nur für sich selbst den Gips verschönern wollten. Nein, sie wollten ihm eine Freude damit machen und langsam wurde sein Gemüt und sein Gipsbein immer farbenfroher.

Somit wurde Stefan durch den Auftritt des Roboters, sein gebrochenes Bein und seinen bunten Gips, zu einem richtig netten Jungen. Gott sei Dank. Und vor Georg hatte er natürlich den allergrößten Respekt. Schließlich konnte er sich zu diesem Zeitpunkt noch nicht erklären, von wo dieser Schlag kam, der seine Knochen in Zwei brechen konnte. Und neben seinem Bein tat es ihm im Herzen weh, dass er Georg so lange schikaniert hatte.

Somit war dieser Tag ein schöner und sonniger. Ohne Schikanen und Gehässigkeiten. Ohne Prügel und ohne Tränen. Ganz friedlich war es dort auf dieser atemberaubenden grünen Wiese, wie die Wolken so über den Himmel zogen und Häschen nach Sonnenstrahlen Ausschau hielten. Die Blätter in den Baumkronen rieben sich aneinander und raschelten dabei vergnügt, während der sanfte Wind seine Bahnen zog und zärtlich die glücklichen Kindergesichter umspielte.

In dieser friedlichen Atmosphäre erzählte Sophie von ihren Träumen. Träume, die einen begleiten, wenn man als Waise aufwächst. Wie zum Beispiel zusammen mit ihrer Mutter über eine große Wiese zu reiten. Auf dem Rücken eines riesigen Pferdes, mit Maschen im Haar. Und dann würde sie ganz weit weg reiten, weit weg von hier. Niemals würde sie zurückblicken und schon gar nicht würde sie hierher zurückkehren. Und wenn sie doch müsste, dann möchte sie gar nicht mehr sein. Den letzten Satz sprach sie so leise, dass ihn Georg nicht wahrnahm. „Auch nicht zu mir?", fragte er. „Dich nehme ich vielleicht mit", grinste Sophie und boxte gegen seine Schulter.

So scherzten die beiden herum, während der Roboter ihnen zuhörte und leise mit den musikalischen Vögeln um die Wette zwitscherte. Oder einfach nur den ganzen Tag mit ihrer Mutter und Freundinnen im Kino verbringen, mit Unmengen an Popcorn und Cola. Georg gefiel dieser Gedanke und er bewunderte ihre schön geformten Fingernägel, an denen sie oftmals knabberte. Georg erzählte von einem Kino, in dem nur Magnum laufen würde, gefüllt mit Popcorn und mit Stühlen aus köstlicher Schokolade, von denen man genüsslich abbeißen könnte. Gelächter sprang aus ihren Kinderkehlen und ihre Herzen tanzten vor Freude. Und der Roboter träumte währenddessen wahrscheinlich von seinem Planeten, seinen Kollegen und Tom Sellecks Schnurrbart.

Plötzlich verdunkelte jemand die entsetzte Sonne und die beiden Kinder bekamen eine Gänsehaut. Die Vögel hörten auf zu zwitschern und auch der Wind legte eine Pause ein, um zu sehen, was hier vor sich gehen würde. Es war die hagere Gestalt von Professor Schulz, der sich vor die Sonne geschoben hatte, die nun giftige Blicke auf dessen Rücken warf.

Die dunkle Silhouette deutete Sophie an, sie soll doch bitte mitkommen. Er machte einen ganz höflichen, aber schleimigen Eindruck und Georg dachte sich im ersten Moment nichts dabei. Vielmehr wunderte er sich ob der kleinen Härchen in seinem Nacken, die sich auf unerklärliche Weise verschreckt aufrichteten und des mulmigen Gefühls in seinem Magen. Er blickte ihn mit zusammengekniffenen Augen an, da ihn die Sonne schon wieder blendete. Trotzdem konnte er die Mundwinkel des Professor erkennen, die dieser für einen kurzen Moment in die Höhe zog.

Auch Sophies Stimmung veränderte sich schlagartig und sie bekam es mit der Angst zu tun. Sie griff nach Georgs Hand und drückte sie ganz fest. Wie seltsam! Langsam setzte sie sich auf.

Georg wunderte sich über ihre kalte Hand, ihr verstörtes Benehmen und ihren leeren Blick. Sie möchte nicht mitkommen, sagte Sophie mit einer ängstlichen, eingeschüchterten Stimme. Während sie dies sagte, war sie automatisch aufgestanden. So als hätte ein Marionettenspieler seine Puppe sich erheben lassen. Georg war überrascht von ihrer Reaktion, er fasste all seinen Mut zusammen und zog sie wieder zu sich. Dann stand er auf und stellte sich schützend vor seine kleine Freundin. Er wusste zwar nicht, wovor er sie beschützten sollte, aber in diesem Moment hatte er das Gefühl, dass sie genau das von ihm erwarten würde.

Mit zittriger Stimme erklärte er dem Professor, dass sie nicht mitgehen möchte und die Pause sei doch sowieso gleich zu Ende. Sie müssten wieder zurück in die Klasse gehen. Der Professor warf Georg einen giftigen Blick zu und schimpfte ihn mit bebender Stimme. Er warf ihm mangelnden Respekt vor und schwor ihm, dass sein Verhalten noch Folgen haben würde. Dann zauberte er mit seinen gelben Fingern eine Zigarette aus seiner Tasche und zündete sie wütend an.

Während er seinen ersten Zug nahm und der Rauch durch die Nasenlöcher seinen Körper wieder verließ, fiel sein Blick auf den Roboter. Dieser lag im Gras vor seinen Füßen und sah wohl wie ein belangloses Spielzeug aus. Missmutig griff er nach ihm. Georg wollte seinen Freund noch aus den gierigen Fingern des Professor reißen, aber er war zu langsam. Mit Zigarettenasche auf der Stimme ermahnte ihn dieser, nicht so hastig zu sein. Den bekomme er nicht so schnell wieder. Vor den Lehrkörpern solle man Respekt haben; verdammt noch mal!

Eine andere Lehrerin wurde auf diese Situation aufmerksam und bewegte sich auf die drei beziehungsweise vier zielstrebig zu. Der Professor drehte seinen dürren Hals, bemerkte seine Kollegin, fuhr sich nervös durch sein wirres Haar und sprach zu Sophie in einem liebevollen Ton. Wenn das so ist, müsse er dann am Abend mit ihr etwas besprechen. Ein schwacher Hauch von Ertapptheit flackerte hinter seiner matten Haut, als er sein Gesicht wandte und auf seine Kollegin zuging. Er beschwerte sich bei ihr, wie schlimm die armen Kinder doch seien (oder wie arm die schlimmen Kinder; so genau weiß ich das nicht mehr) und ließ die ausgedämpfte Zigarette in seiner Sakkotasche verschwinden. Neben seiner Kollegin betrat er wieder das Gebäude, mit dem Roboter unter seinem Arm.

Sophie bedankte sich leise bei Georg und begann in seinen Armen zu weinen. Die Pausenglocke läutete und die Kinder stürmten an ihnen vorbei, zurück in die Klassenräume, während für Georg und Sophie der Albtraum begann.

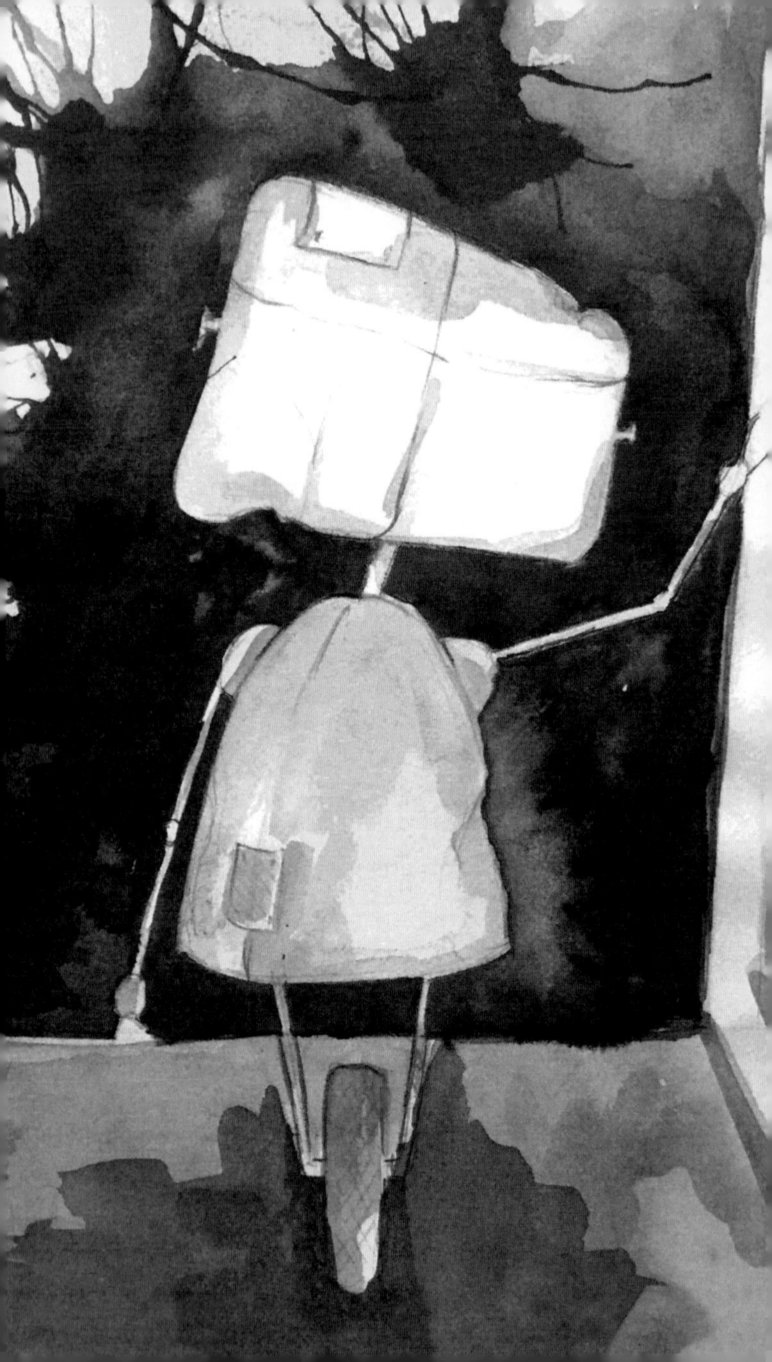

07

WENN MAN MISS-TRAUISCH SEIN SOLLTE …

WENN MAN MISS- TRAUISCH SEIN SOLLTE ...

Als ich mit Sophie auf den Bus wartete, fuhr ein Polizeiauto an unserer Haltestelle vorbei und die längst vergangenen Tage wurden in meiner Erinnerung wieder gegenwärtig. Denn nachdem man einen Raum voll Blut entdeckt hatte, war wahnsinnig viel Trubel und Hektik im Kinderheim ausgebrochen. Die Polizei wurde verständigt und fuhr mit mehreren singenden Autos und quietschenden Reifen vor. Die Polizeisirenen von damals hallen mir noch heute in den Ohren. So laut und kreischend sangen sie vor sich her und trommelten alle Kinder und Lehrer zusammen. Neugierig und vielleicht auch ein wenig verwirrt, schwirrten die Kinder des „Traumfänger" um die Autos und um die Männer und Frauen in Uniformen. Und wir alle fragten uns, warum die Musiklehrerin in den Armen des Turnlehrers so bitterlich weinte. Aber bevor die Sonne aufging, eine grausame Entdeckung gemacht wurde und jemand mit zittrigen Fingern die Nummer der Polizei wählte, musste noch eine ganze Nacht vergehen. Da sollten noch viele Tränen fließen, ebensolche getrocknet werden und eine Menge Blut im Holzfußboden versickern. Diese Nacht sollte so viel verändern und sich in die Köpfe aller Beteiligten einbrennen. Manche sahen Bilder, die sie nicht vergessen werden, Andere hörten Geschichten von Taten, die sie niemals glauben konnten und Andere hatten Blut an ihren Händen, welches sich niemals würde abwaschen lassen.

Wie ich weiter oben schon erzählt habe, hatte Professor Schulz Georg seinen Roboter weggenommen und war in sein Büro zurückgekehrt. Missmutig knallte er ihn auf seinen Schreibtisch und versuchte eine Zigarette aus seiner Jackentasche zu ziehen. Jedoch ohne Erfolg. Mit böser Miene warf er den leeren Karton auf den Boden und fluchte auf die schlimmen Kinder. Der Professor hatte schon etwas Unheimliches an sich. Diese eingefallenen Wangen und diese zu harten Augen. Nervös durchsuchte er seine Schreibtischlade nach einer neuen Packung Zigaretten. Auch hier waren sie nicht. Mit grimmiger Miene strich er sich durch die schuppigen Haare. Er schaltete seinen Computer ein und blickte auf den leuchtenden Bildschirm vor sich. Seine Mundwinkel zogen sich wieder leicht nach oben, während der Zeiger der Maus gezielt durch seine Ordner klickte. Auch der Roboter warf einen Blick auf den Bildschirm und schloss sofort wieder seine Augen. Er hielt sie so lange geschlossen und blieb starr auf dem Schreibtisch stehen, bis Professor Schulz mit kleinen Schweißperlen auf der Stirn das Büro wieder verließ. Schließlich musste er zurück in seine Klasse, um den Unterricht fortzusetzen.

Als er die Tür hinter sich schloss, fuhr der Roboter zu dem Computer und schaltete ihn wieder ein. Er klickte sich ein wenig durch die Dateien des Professors und war entsetzt über das, was er dort fand. Schnell war sein Entschluss gefasst. Er musste aus diesem Gefängnis ausbrechen, um seine neuen Freunde zu beschützen; also sprang er vom Tisch und fuhr zur Bürotür. Mit voller Geschwindigkeit warf er sich dagegen, aber die Tür war verschlossen. Mit größter Verzweiflung versuchte er es ein zweites Mal, aber sie bewegte sich keinen Millimeter. Auch zu der Türschnalle kam er nicht hinauf, denn dafür war er doch zu klein. Da er ein Computerhirn hatte, kam ihm sofort die rettende Idee. Er versuchte, mit Büchern einen kleinen Turm zu bauen, damit er zur Türschnalle hinaufreichen konnte. Ein Buch nach dem anderen stapelte er übereinander, bis er einen Turm hatte, der hoch genug war. Dann begann er hinaufzuklettern, aber der Turm war zu wackelig. Er schwankte nach links und nach rechts. Dann krachte er zu Boden und der Roboter wurde unter einem Haufen Bücher begraben.

Währenddessen saßen die Kinder in ihren Klassenräumen und lauschten den oft schlauen Wörtern ihrer Lehrer. Manche Kinder redeten heimlich miteinander, andere versuchten sich zu konzentrieren und manche waren mit ihren Gedanken ganz woanders. So wie Sophie. Traurig blickte sie aus dem Fenster, beobachtete die vorbeiziehenden Wolken und spielte nervös mit ihren Haaren.

Auch Georg verlor sich in seinen Gedanken und wusste nicht genau, was er dort finden wollte. Er fragte sich, warum Sophie so eine Furcht gehabt hatte. Ihr war auf der Wiese eine panische Angst ins Gesicht geschrieben gewesen, aber warum? In sein Heft schrieb er immer wieder ihren Namen und malte kleine Zeichnungen von seinem Roboter.

Dieser wühlte sich aus einem Haufen Bücher, blickte sich in dem kleinen Büro um und entdeckte das Fenster. Das war sein Fluchtweg! Rauf zum Fenster, die Regenrinne herunter rutschen, unten sicher ankommen und dann schnell zu Georg fahren. Für einen außerirdischen Roboter sollte dies doch kein Problem darstellen. Mühevoll schob er den Sessel zum Fenster und kletterte hinauf. Oben endlich angekommen, musste er sich über sich selbst ärgern. Wie kam er auf die Idee, einen wackeligen Turm aus Büchern zu bauen, wenn sich in diesem Raum doch weitaus bessere Hilfsmittel befanden - zum Beispiel dieser Sessel hier.

Aber anstatt wieder vom Sessel zu steigen und mit dessen Hilfe zu der Türschnalle zu gelangen, öffnete er das Fenster. Er war gerade dabei, die Regenrinne herab zu klettern, da kam das Unvermeidliche. Er sah den Abgrund und dann wurde ihm plötzlich ganz anders. Seine Augen verfärbten sich wieder Rot und die Schriftzeichen blinkten wild auf seinem Bildschirm. Dann stürzte er sich mit einem zaghaften „Oh-oh“ in die dunkle Tiefe.

Die Sonne verabschiedete sich langsam und der Mond begann mit seiner Schicht. Einer der Lehrer ging, so wie jeden Abend, von Zimmer zu Zimmer, um nach dem Rechten zu sehen und um an die Schlafenszeit zu erinnern. Es war nun die Zeit, in der die Kinder ihre Zimmer aufsuchen mussten und Georg konnte sie durch die dünnen Wände lachen und spielen hören. Man könnte meinen, dass es ein Abend, wie jeder andere war. Auch Georg hatte schon seinen Pyjama an und saß am Schreibtisch, von wo er aus dem Fenster in die Nacht blickte. Auf einmal hörte er ein Geräusch hinter sich und drehte sich um. Irgendjemand war an der Tür. Durch den Spalt zwischen Tür und Boden konnte er erkennen, dass das Licht am Gang ausgeschalten war. „Wer geht hier durch die Gänge, ohne das Licht einzuschalten?“, fragte er sich und kleine Sorgenfalten zeichneten sich auf seiner ansonst so glatten Kinderstirn ab.

Als er langsam aufstand, sah er, wie jemand einen kleinen Zettel unter der Tür durchschob. Georg rannte zu seiner Tür und riss sie auf, aber der Gang vor ihm war leer und dunkel. Er konnte spüren wie die Kälte durch die offene Tür in sein Zimmer strömte und sich langsam ausbreitete. Ein Luftzug schob den Zettel vor seine Füße und Georg hob ihn langsam auf. *“Bitte pass heute auf mich auf! - Sophie* “ Neben ihrem Namen leuchtete ein kleines Herz und er presste den Brief an seines. Georg war kein ängstliches Kind. Zu oft wurde er schikaniert und daran hatte er sich auch zu einem gewissen Grad gewöhnt. Doch in diesem Moment, wie er diesen Brief in der Hand hielt, verkrampfte sich sein Magen. Nicht er hatte Angst; viel mehr konnte er Sophies Angst fühlen. Er spürte sie ganz deutlich, als wären sie eine Person. Er spürte die Angst, mit der diese Worte auf das Papier geschrieben wurden. Er konnte ihre Panik spüren, wie sie sich das Stiegenhaus herunter schlich. Er konnte ihre Hilflosigkeit spüren, als sie über den dunklen Gang lief. Und er konnte ihr Vertrauen spüren, als sie den Brief unter der Tür durchschob.

Bevor er weiter darüber nachdenken konnte, klopfte es an der Tür und Professor Schulz kam in sein Zimmer. Georg versteckte den Zettel hinter seinem Rücken und sein Herz begann wie wild zu klopfen. Der Junge fragte, wann er seinen Roboter wieder bekommen würde. Vielleicht morgen, erwiderte der Professor. Er sprach zu ihm in einem freundlichen Ton, aber man bekam den Eindruck, als ob er diese Freundlichkeit nur vorspielen würde. Bis zu diesem Tag war es Georg nie aufgefallen, aber in der Stimme des Professors lag etwas Unbekanntes und Grausames. Georg sollte mehr Respekt vor den Lehrkörpern haben und der Verlust seines Spielzeug solle ihm eine Lehre sein. Aber jetzt sei es schon spät und es wäre Zeit zum Schlafengehen. Georg fragte schüchtern, ob die Mädchen schon in ihren Zimmern seien. Misstrauisch sah in der Professor an und Georg konnte in den Augen des Mannes kurz ein Funkeln erkennen, oder auch den Blick eines Mannes, der bei irgendetwas ertappt wurde. Sein Rundgang wäre noch nicht beendet, erwiderte dieser. Er gehe gleich in ihr Stockwerk hinauf. Und wie schon in der Pause, zogen sich seine Mundwinkel für einen kurzen Augenblick in die Höhe.

So wie jeden Abend wurde eine gute Nacht gewunschen. Doch bevor der Professor den Raum verließ, hielt er einen Moment inne. Es wäre Zeit, schlafen zu gehen. „Sofort!“, sagte er. Dann schloss er die Tür hinter sich. Doch anders als sonst hörte Georg, wie Professor Schulz den Schlüssel in das Türschloss steckte und ihn mit einem schnellen Ruck umdrehte. Georg rüttelte wie wild an der Tür. Doch sie ließ sich nicht öffnen. Der Professor hatte ihn eingesperrt! Mit aufgeregten Augen blickte er auf Sophies Brief und während er sich fragte, was hier wohl gerade passierte, blinzelte der Mond besorgt auf das Kinderheim „Traumfänger“.

08

WENN ES STILL WIRD

…

WENN ES STILL WIRD ...

Machmal kommt das Ende früher als erwartet und manchmal lässt es sich sehr lange bitten. So wie das Ende des kleinen Roboters, dessen Drang zur Selbstzerstörung, ihn immer wieder in Gefahr brachte. Und des Öfteren geschah es, dass die Verletzungen und Schäden so verheerend waren, dass wir schon das Schlimmste befürchteten. Aber er war einfach nicht kaputt zu kriegen. Ich muss jedoch festhalten, dass Georg einen großen Anteil daran trug, dass der düstere Erfolg nicht eingetreten war. Schließlich passte er auf ihn auf, so als wäre er der kleine Bruder, den er niemals hatte. Doch leider war Georg oft mit Träumen beschäftigt, oder war einfach nicht schnell genug und deshalb musste ich mitansehen, wie sich der Roboter willenlos von Tischen warf, die Treppe herunterstürzte oder sich an Kabeln strangulieren wollte. Noch heute muss ich über diese vielen „Unfälle" lachen. Aber das Ende ist doch unausweichlich. Es ist das Ergebnis einer Geschichte. Ein Ergebnis, dass weder gut noch schlecht ist. Es IST einfach! Da können wir versuchen es schönzureden oder auch zu verdammen. Schon der Beginn zielt auf dieses eine Ende ab. Wie ein Spielball springen wir von Kapitel zu Kapitel, können uns ein wenig nach rechts oder links bewegen. Aber das Ende wird kommen. Manchmal ist es rot und manchmal auch nicht. Manchmal fließen Tränen, aber eigentlich tun sie das fast immer. Wir versuchen, gegen das nahende Ende anzukämpfen, blättern wild vor und zurück. Aber das Finale wird mit einer unverrückbaren Sicherheit auf uns zukommen und jede Geschichte bekommt das Ende, das sie verdient. Auch die von Georg, Sophie und dem Roboter. Aber eines kann ich dir jetzt schon verraten. Einer der Drei wird schon bald unsere Geschichte verlassen!

Wie ein weggeworfener Haufen Schrott lag der Roboter regungslos in der einsamen Finsternis und war der Stille der Hoffnungslosigkeit ausgeliefert. Seine Augen waren nach dem Sturz erloschen, ein Arm war auf eigenartige Weise verdreht und sein Bildschirm war schwarz und hatte einen großen Sprung. So lag er unter dem Fenster zur Hölle, aus dem er gerade gesprungen war, alleine und leblos. Doch dann geschah es!

Weder der Mann im Mond, noch die unzähligen Sterne hatten damit gerechnet, aber plötzlich leuchtete in der schwarz gefärbten Nacht ein schwaches blaues Licht auf. Zuerst flackerte es ganz leicht und dann leuchtete es so stark, dass die Sterne neidisch herabblickten. Ein Auge blieb jedoch erloschen und sein Körper war zerbeult, zerkratzt, aufgerissen und sein linker Arm hing schlaff hinunter. Mühsam stand er auf, wobei seine Mechanik bedrohliche Geräusche machte. So, wie er aussah, grenzte es an ein Wunder, dass er überhaupt noch funktionierte. So rollte er schwerfällig die Hauswand entlang, verfolgt von den dunklen Augen des Traumfänger, hinter denen sich schon manche Kinder ihren Träumen widmeten.

Aus seinem Kopf hangen einige Kabel heraus, Nachtfalter schwirrten um sein leuchtendes Auge und Grillen zirpten in dieser dunklen Nacht. Eine unbeschreibbare, grauenvolle Einsamkeit umschloss den kleinen Roboter, während langsame Nebelschwaden am Boden entlang krochen und ihn zu einer Laterne unter Sophies helles Zimmerfenster zogen.

Mit seinem funktionierendem Auge blickte er zu einem der Fenster hinauf, in dem noch Licht brannte. Im Schein der Laterne ließ er sich nieder und begann die Musik zu spielen, die er für die beiden Kinder im Klassenraum gesungen hatte. Und tatsächlich wurde Sophie von diesen bekannten Klängen an das Fenster gelockt. Georgs Zimmer war im ersten Stock, etwas schräg unter ihrem und auch sein Kopf beugte sich aus dem Fenster. Beide blickten auf den Roboter und auf ihren Gesichtern konnte man ein Lächeln erkennen. Für einen Moment war alles wieder gut. Der Mond leuchtete auf sie herab und die Sterne zerrissen voller Freude das dunkle Himmelszelt. Der Wind war warm und tanzte über die Wiese und den Spielplatz. Die Blätter raschelten in den Kronen. Und dann blieb die Zeit stehen.

Man hörte die Kinder in ihren Zimmern schlafen und manche lachten noch leise. Lichtschalter wurden betätigt. Schritte auf Gängen. Eine Türschnalle, die heruntergedrückt wurde. Eine Tür, die sich weinend öffnete und sich nicht wehren konnte. Und plötzlich verschwand Sophie und das Gesicht von Professor Schulz tauchte auf. Wie der Teufel höchstpersönlich stand er am Fenster und sah mit seinen vergifteten und gierigen Augen in die Dunkelheit, in der er sich so gerne versteckte. Denn der Mantel der Nacht lässt das Ungeziefer frei und ungesehen auf dieser Welt herumkrabbeln und Unfug treiben. Ohne dass es Angst haben müsste, dass jemand es zertreten würde und dass es als kleiner wertloser Schleimpatzen zurückgelassen wird.

Um nicht entdeckt zu werden, verstummte der kleine Roboter und er schleppte sich ein wenig in den Schatten. Dort war er vor den misstrauischen Blicken des Professor geschützt, in dessen Augen Irrlichter des Wahnsinns tanzten. So verharrte dieser noch einige Momente, aber nachdem er nichts Außergewöhnliches entdecken konnte, zog er den Vorhang zu und war verschwunden.

Nicht nur der kleine Roboter, auch Georg, der aus dem Fenster blickte, erschrak. Nachdem die Musik verstummt war, wusste er, dass etwas passiert war. Er beugte sich aus dem Fenster auf der Suche nach seinem kleinen blechernen Freund, aber es war hoffnungslos; er konnte ihn nicht finden.

Und es war still. Kalte Stille. Leblose Stille. Gefährliche Stille. Eine ohrenbetäubende Stille, die Georg in die Knie zwang.

Da war etwas passiert, dachte sich Georg, in dem Moment als die Musik erlosch. Gerade eben war im Schein einer Straßenlaterne der kleine Roboter gestanden und hatte seine Musik gespielt. Gerade eben war sein Herzschlag wieder ruhig geworden. Gerade eben machte sich ein wenig Hoffnung breit. Und dann verstummte die Musik und der Roboter verschwand in der Dunkelheit. Sein Herz begann wieder zu rasen! Da war etwas passiert! Irgendetwas stimmt hier nicht! Solche und andere Gedanken schossen ihm durch den Kopf.

Schließlich konnte Georg den Roboter unter seinem Fenster erkennen. Ein blaues Auge leuchtete in der Nebelsuppe und er freute sich, seinen Freund wiederzusehen; jedoch war jetzt nicht die Zeit für Freudentänze. Geschickt befestigte er ein Seil an einem Korb und warf ihn hinunter. Der Roboter ließ sich erschöpft hineinfallen und Georg zog ihn zu sich hinauf. Vorsichtig hob er seinen verletzten kleinen Freund aus dem Korb und legte ihn auf den Tisch. Er schaltete seine Schreibtischlampe ein und begann mit der Reparatur. Mit Klebestreifen befestigte er den ramponierten Arm am Körper, damit dieser nicht hinderlich war. Auch sonst klebte er ihm liebevoll ein Pflaster an die Stirn oder beulte ein paar Dellen aus.

Der Roboter schien so weit wieder hergerichtet, aber seine Energie war auf ein Minimum herabgesunken. Der Sturz hatte ihn zu sehr in Mitleidenschaft gezogen und sein Auge und auch das Display flimmerten traurig. Er hatte nicht einmal mehr die Kraft sich aufzurichten. Georg überlegte, was er tun könnte. Jede Minute, die er hier verstreichen ließ, war eine verlorene! Jede Minute konnte wertvoll für den Roboter sein! Jede Minute konnte wertvoll für Sophie sein! Georg strich sich eine Haarsträhne von seiner verschwitzten Stirn und fasste seinen Entschluss. Er stürmte zu seinem Radio und riss das Stromkabel aus dem Gerät. Das lose Ende befestigte er an dem Roboter, dann steckte er das Kabel in die Steckdose, die so viel Energie versprach.

Professor Schulz führte derweil Sophie an ihrer schlaffen Hand den Gang entlang. Er erklärte ihr, dass er etwas Wichtiges mit ihr zu besprechen hätte. Da wäre es besser, wenn sie in sein Büro gehen würden. Sie solle doch keine Angst haben. Das sei schon in Ordnung. Er grinste sie an, doch Sophie trug ihren Kopf gesenkt und ließ sich wie in Trance nachziehen. Eigentlich sollte sie sich langsam den friedlichen Kinderträumen widmen. Schliesslich trug sie bereits ihr Nachthemd und hatte ihre langen Haare schön gebürstet.

Doch anstatt in ihrem warmen Bett zu liegen, musste sie diesen scheinbar endlosen Gang entlang gehen. Müde, mutlos, scheinbar hoffnungslos. Für tatsächliche Gegenwehr fehlte ihr die Kraft, denn sie wusste, wozu der Teufel fähig war. In ihrem Gesicht zeichnete sich die rötlich Schwellung einer Ohrfeige ab. Morgen wird man davon nichts mehr sehen. Aber schmerzhaft war sie trotzdem und der Teufel hatte demonstriert, dass sein schlaksiger Körper auch Kraft und Gewalt kannte.

Scheinbar ohne es zu merken, verlor sie auf ihrem Weg einen ihrer Pantoffel. Den zweiten vor der großen hölzernen Bürotür. Als der Professor diese aufschließen wollte, begann die Beleuchtung im ganzen Haus zu flackern. Er wunderte sich und drückte die barfüßige Sophie durch die Tür. Er blickte nochmals den Gang entlang und vergewisserte sich, dass ihnen niemand gefolgt war. Dann schloss er die Tür hinter sich und drehte den Schlüssel im Schloss um. Dann war es still.

09

WENN DER MOND DURCHS FENSTER BLICKT …

WENN DER MOND DURCHS FENSTER BLICKT …

Das Blut hatte sich fest in den Fußboden gefressen und das ansonsten helle Holz in ein tiefes Dunkelbraun gefärbt. Noch viele Wochen später und nach unzähligen erfolglosen Reinigungsversuchen ließ sich das Zeugnis dieser grausamen Nacht noch erahnen. Bittersüß lag der Duft des Todes innerhalb dieser Wände, aber der geschundene Leichnam wurde nie gefunden. Niemals! Man fand nur den leeren Raum, den mit Blut bedeckten Boden und blutige Kinderfußabdrücke am Gang, einen PC und eine Fotokamera. Doch wessen Spuren waren es? Die Kinder dieses Hauses konnten sich zuerst keinen genauen Reim darauf machen, obwohl sie es probierten.

Jetzt ist er weg, wo ist er hin?
Das Zimmer ist rot, der Boden ist hin.
Spuren am Gang, wem gehören die bloß?

Knarrendes Holz, die Angst ist so groß.
Von drüben hört man, den Geist laut spuken
Von noch viel weiter, jemanden „Hilfe" rufen

In den darauffolgenden Wochen ging die Angst in den Kinderzimmern um. Man erzählte sich, dass der Geist des Toten Nachts durch die Gänge irre. In der Dunkelheit könne man seine Schritte hören, langsam und knarrend. Aber dies war wahrscheinlich nur das Krächzen des alten Holzes, welches die Last der Trauer tragen musste. Aber auch diese Geschichten wurden mit der Zeit weniger oft erzählt, bis sie letztendlich ganz vergessen wurden. Doch manche Wunden werden nie verheilen, manche Tränen werden niemals trocknen und manche von uns werden nie vergessen können.

Aber zurück zu Georg und dem zerstörten Roboter. Mit Stromstößen, einigen Stoßgebeten und schließlich mit Flüchen, für die sich sogar ein Seemann genieren würde, gelang es ihm, den Roboter wieder zurück in die Wirklichkeit zu holen. Von den Stromstößen (oder vielleicht auch vom Beten) war er leicht geschwärzt und Rauch stieg aus seinem Inneren hervor. Aber sein funktionierendes Auge und sein Bildschirm leuchteten Georg wieder gestärkt und voller Tatendrang entgegen. Zum Glück, dachte sich Georg.

Doch der unvermeidliche Sturz aus dem Fenster, hatte merkliche Spuren an dem Roboter hinterlassen. Sein linker Arm war zerstört und an seinen Oberkörper fixiert. Der Sprung auf seinem Display war nicht zu schlimm und die vielen Beulen und Schrammen waren sowieso keine Besonderheit für ihn. Bedrohlicher waren das eine dunkle Auge und die angstvollen Geräusche aus seinem Inneren.

Georg hielt den Atem an und beobachtete, wie sich der kleine Roboter mühsam aufrichtete. Dann überprüfte dieser seinen geschundenen Körper und man konnte ihm seine Trauer und Schmerzen ansehen. Dies machte auch Georg traurig und er entschuldigte sich mit gesenktem Kopf, dass er nicht besser auf ihn aufgepasst hatte, dass er ihn nicht besser reparieren konnte. Er hatte wirklich sein Bestes gegeben, aber auf die Schnelle war einfach nicht mehr möglich gewesen.

Mit seinem gesunden Arm umarmte der Roboter den Jungen und boxte ihm dann dankbar gegen die Schulter. So, wie Sophie es immer tat. Dieser Boxschlag weckte die Erinnerung an angstfreie Zeiten und Georg vergaß für die Dauer eines halben Momentes, die Geschehnisse der heutigen Nacht. Aber schon hatte ihn die Realität wieder am Nacken gepackt und wachgerüttelt. Jetzt müsse er sich konzentrieren, denn irgendetwas Seltsames ging hier vor, aber er verstand es einfach nicht. Was um alles in der Welt war in dieser Nacht los?

Er wühlte den Brief aus seiner Hosentasche und teilte die mit einem Herz verzierte Nachricht mit dem Roboter. Dieser verstand sofort und drang Georg, sich endlich auf den Weg zu machen. Bloß keine Zeit verlieren! Georg hatte schon seinen Pyjama an und schlüpfte schnell in seine Hausschuhe. Voller Entschlossenheit und mit ganzer Kraft wollte er die Tür aufreißen, aber sie war verschlossen. Das hatte er doch glatt vergessen. Der Professor hatte ihn eingesperrt! Aber warum hatte er das getan? Gab es da einen Zusammenhang mit dem Brief in seiner kleinen, schwitzenden Hand? Ganz bestimmt, dachte er sich! Ganz bestimmt!

In seiner Verzweiflung und Hysterie rüttelte er wild und ungestüm an der Tür seines Verlieses. Doch sie hielt den begrenzten Kinderkräften stand. Er sprang gegen die Tür. Er schlug sich seine kleinen Fäuste blutig und ließ seinen Tränen freien Lauf, aber die Tür hatte kein Mitleid mit ihm. Zum Glück hatte der kleine Roboter eine Idee und sein Freund gehorchte. Georg hob ihn schwer atmend zum Türschloss, während ihm der Rotz aus der Nase rann. Der Roboter streckte seinen Finger aus und seine Spitze begann hell zu leuchten. Mit dem Laser, der zu Beginn der Geschichte Georgs Stirn heilte, machte er sich daran, das Türschloss aufzubrennen. Funken begannen zu sprühen und das Türschloss weinte vor Schmerz. Dies kostete dem Roboter so viel Kraft, dass sein Auge wieder zu flimmern begann.

Mit einem Seufzer gab die Tür jedoch nach und öffnete sich für Georg und den kleinen Roboter. Trotz seiner Hausschuhe konnte er den kalten Boden des Ganges spüren und ein Schauer wanderte über seinen Rücken. Vorsichtig schlichen die beiden nebeneinander den Gang entlang, bis sie zum Stiegenhaus gelangten. Mit seinen kleinen nassen Händen krallte er sich an das Stiegengeländer, um nicht das Gleichgewicht zu verlieren, denn seine Beine waren plötzlich taub und unglaublich kraftlos. Jede einzelne Stufe war eine Herausforderung. Erschöpft und nach Atem ringend hatte er es dann geschafft und ein dunkler Gang, der zu den Mädchenzimmern führte, befand sich vor ihnen. Dicht an die Wand gepresst gingen die beiden auf Sophies Zimmer zu.

Plötzlich zog der Roboter an Georgs Hose, damit dieser stehen blieb. Er hatte den Pantoffel gefunden, den Sophie vorhin verloren hatte. Georg hob ihn auf und presste ihn an sein Herz. Er konnte sich selbst atmen hören und sein Herzschlag schien ihm unglaublich laut. Der Roboter deutete ihm, sich zu beeilen. Sie war also nicht mehr in ihrem Zimmer! Wo war sie bloß hingegegangen? Die beiden bogen in einen anderen Gang ab und blieben wie angewurzelt stehen.

Der Gang war wie die anderen ganz und gar dunkel, nur unter einer Tür drang etwas Licht hervor. Und in diesem kleinen Lichtschein lag ein Pantoffel. Sie waren der Spur nun bis hierher gefolgt und waren an ihrem Ziel angelangt. Mit trockenem Mund näherte sich Georg der Tür, auf dessen Türschild „Professor Schulz Andreas“ stand. Ihre Blicke trafen sich und sie mussten kein weiteres Wort mehr verlieren. Hinter dieser Tür befand sich Sophie, ängstlich und auf Georgs Hilfe wartend. Er wusste, was nun zu tun war und er atmete tief ein und wieder aus, um seinen Herzschlag zu beruhigen. Er hatte das Gefühl, dass sein kleines Herz gleich aus der Brust springen würde und in dieser Nacht schien alles möglich zu sein.

Mit dem Mut eines kleinen Jungen, der sein Leben lang verprügelt wurde und dessen Freundin in Gefahr war, ließ er den Pantoffel neben dem anderen fallen und griff langsam zu der Türschnalle. Tief sog er noch einmal die staubige Luft durch seine Nasenlöcher ein und konnte den kalten Zigarettenrauch riechen, der aus dem Zimmer quoll. Mit angehaltenem Atem umschloss er mit beiden Händen den Türgriff und drückte ihn vorsichtig hinunter. Verschlossen! Die verdammte Tür war verschlossen! Georg atmete aus. Mit hilfesuchenden Augen sah er zu seinem kleinen Freund, der ihm zunickte. Er hob den Roboter zum Türschloss und dieser versuchte das Schloss wieder mit seinem Finger aufzubrennen.

Die Funken sprühten aber nur kurz. Denn diesmal reichte seine Kraft nicht aus. Georg blickte zu ihm auf, seine Augen füllten sich mit Tränen und der Roboter verstand, dass er alles versuchen musste um in diesen Raum zu gelangen. Er überlegte nicht lange, sondern rammte seinen Finger in das Schloss und drehte ihn hin und her. Man konnte das Knirschen und das Brechen des Fingers hören, aber der Roboter spürte, wie sich das Türschloss langsam bewegte.

Mit einem kräftigen Dreh nach rechts brach der Finger des Roboter ab, aber die Tür ging langsam auf. Als sie zur Hälfte geöffnet war, drang verschrecktes Licht und warme Luft auf den Gang und da, wo die Lichtstrahlen den Boden berührten, tanzte ein quirliges Staubwölkchen. Während Georg seinen ganzen Mut zusammennahm und fast ohne Angst in den Raum voller Zigarettenrauch schritt, blieb der Roboter regungslos in der beleuchteten Tür stehen und sah ihm besorgt hinterher.

Und dann hörte man nichts mehr, außer dieser absoluten Stille. Für einen Moment legte die Zeit eine Pause ein und die Nacht war plötzlich ruhig und friedlich. Ein Teil der Kinder schlief schon und andere erzählten sich Geschichten in ihren Zimmern. Der Sportlehrer tanzte glücklich mit der Musiklehrerin und leise Jazz-Musik lag in der Luft. Eng umschlungen drehten sie sich im Kreis, eine geöffnete Flasche Wein stand auf einem Tisch und Kerzenschein tanzte über die Wände. Keiner ahnte, was sich soeben in diesem Büro abspielte.

Der Mond machte große Augen und schien durch das Bürofenster und der Roboter, der noch immer in der Tür stand, warf einen Schatten an die Wand hinter sich. Während die Welt den Atem anhielt, war es so unglaublich leise ... Dann hört man ein leises Stöhnen und Wimmern und dann einen Körper langsam zu Boden gehen. Und während der Körper am Boden lag, wimmerte dieser weiter. Leise und armselig, aber für die Anwesenden gut zu hören. Der Roboter ließ seinen Kopf hängen und hob die zwei leeren Pantoffeln vom Boden auf, dann fuhr er in das Zimmer und schloss die Tür hinter sich.

10

WENN MAN DIE HAND DES ANDEREN HÄLT …

WENN MAN DIE HAND DES ANDEREN HÄLT ...

Ich habe dir ja erzählt, dass ich gerade auf dem Weg zu unserem Klassentreffen war, als ich Sophie an der Bushaltestelle zufällig traf. Und natürlich fiel ihr erster Blick auf meinen Schnurrbart und dann mussten wir beide lachen. So richtig aus dem Bauch heraus und mit Tränen in den Augen. Somit begann unsere erste Begegnung nach so vielen Jahren mit viel Freude und Glückseligkeit. Ich möchte hier sogleich anmerken, dass „Magnum" noch immer zu meinen Lieblingsdetektiven zählt und ich schon seit meinem ersten Bartwuchs einen Schnauzer im Gesicht trage, genau wie Tom Selleck. Und wir mussten weiter lachen, als wir uns die Frage stellten, ob nicht alle Jungs von damals einen Schnurrbart tragen würden. Schließlich hatten wir alle, wohl jede einzelne Folge an den vielen Fernsehabenden gesehen. Doch irgendwann hörten wir zu lachen auf, holten tief Luft und sagten nur „ach ja" oder auch gar nichts. Und während ich Sophie anlächelte und dann auf meine Uhr blickte (wegen der Verspätung des Busses), versuchte ich mir den kommenden Abend vorzustellen. Es würde bestimmt eine schöne Veranstaltung werden und die lustigen Geschichten von damals würde man sich lachend erzählen. Aber irgendwann wird man auf diese eine Nacht zu sprechen kommen und dann werden unsere gealterten Gesichter sehr still werden und wir werden in Demut und Unbehagen versinken. Vielleicht wird der eine oder andere auch eine Träne vergießen. Eine Träne, die er damals vielleicht noch für sich behalten hatte, da wir Kinder zuerst gar nicht verstanden, was passiert war. Ich sah Sophie tief in die ewig traurigen Augen und der Bus war wie immer viel zu spät.

Die beiden Kinder standen eng umschlungen in Professor Schulz' Büro. Fest presste Sophie ihr ängstliches Gesicht an Georgs Schulter und durchtränkte mit ihren heißen Tränen sein Pyjamahemd. Sein Blick war hingegen starr nach vorne gerichtet und seine Tränen rannen still und leise die Wangen hinunter. Er zitterte so sehr am ganzen Körper, dass dieses Zittern die einzelnen Tränen von seinem Kinn zu Boden fallen ließen. Aber dies bemerkte er gar nicht. Er war vollkommen durcheinander. Es war ihm heiß und kalt zugleich, aber er spürte weder die Kälte noch die innere Hitze, sondern ausschließlich Sophie. Zu zweit standen sie einsam in einem zeitlosen Raum, der die beiden nicht mehr loszulassen schien. Und in seiner Hand lag eine lange Schere von deren Spitze dunkles zähflüssiges Blut langsam zu Boden tropfte. Dort bildete sich eine dunkelrote Blutlache, die langsam die Füße der Kinder umschloss und dann glitt die Schere kraftlos aus der Hand und fiel zu Boden.

Durch den Knall kam Georg schlagartig wieder zu sich. Er sah auf den Körper des Professors, auf die tödliche Wunde die er diesem zugeführt hatte, aus der das Blut zuerst stoßweise quoll und irgendwann nur noch still dahin floss. Dann wanderte sein Blick zu dem gequälten Gesicht des Sterbenden, dass von einem gespenstischen Licht umhüllte war. Georg schloss die Augen und konnte das heisere Atmen hören, ein grauenvolles Rasseln, welches langsam verstummte. Dann hörte man nur noch das Blut rinnen. Langsam, leise und unaufhaltsam.

Der Roboter fuhr an den zwei Kindern vorbei und fing an, die Leiche über den roten Fußboden zu zerren. Da der Mond keinen Moment dieser Tragödie verpassen wollte, leuchtete er hell durch das Bürofenster. Er beobachtete die Tragödie zweier Kinder, die ihre Kindheit verloren, jedoch den Teufel aus dem Traumfänger vertrieben hatten. Georg wischte Sophie die warmen Tränen aus ihrem kalten Gesicht, richtete ihr Kleid zurecht, führte sie aus dem dunkelroten Zimmer und den Gang entlang. Zurück blieben der Roboter, eine Leiche und die blutigen Abdrücke von Kinderfüßen, die aus dem Zimmer führten.

Als mit Blaulicht die Polizei am nächsten Morgen vor das Gebäude fuhr, trieb mich die Neugier in die erste Reihe, um keine Einzelheit zu verpassen. Als Professor Schulz nicht zum gemeinsamen Frühstück erschien, begab man sich auf die Suche nach ihm und fand eine riesige Blutlache in seinem Büro. Der Professor war jedoch nicht aufzufinden. Wir Kinder hatten natürlich schnell davon erfahren und die Geschichte eines blutigen Zimmers machte noch schneller die Runde. Alle Kinder dachten, dass die Polizei einen Leichnam aus dem Kinderheim schleppen würde. Stattdessen trugen sie Professor Schulz' Computer und seine Fotokamera in ihren Wagen und die Kinder konnten die entsetzten

Gesichter der anwesenden Erwachsenen sehen. Der Turnlehrer hatte ein rotes, wütendes Gesicht und drückte die Musiklehrerin fest an sich. Diese weinte und weinte und weinte und krallte sich an seine männlichen Schultern.

Georg saß währenddessen mit Sophie auf der Wiese und beide beobachteten das Treiben aus der Ferne. Ängstlich lehnte sie an ihm und drückte seine Hand so fest, dass ihre Knöchel ganz weiß wurden. Die beiden Kinder sprachen kein Wort miteinander, aber ihre Augen erzählten einander die Geschichte der letzten Nacht. Aus der Ferne konnte ich beobachten, wie die Turnlehrerin mit einer Polizistin zu Sophie und Georg ging. Mit schluchzender Stimme bat sie Sophie mitzukommen. Aber sie klammerte sich noch fester an Georg, unfähig ein Wort herauszubringen. Schließlich umarmte sie auch die Musiklehrerin, die vor ihr kniete und beide weinten so laut, dass ich sie bis zu mir hören konnte. Nachdem die ersten Tränen getrocknet waren, hob sie das kleine Mädchen hoch und brachte sie zu einem der Polizeiautos. Dort stiegen sie mit der Polizistin ein und fuhren davon. Zurück blieben viele fragende Kindergesichter, ein kleiner Junge, der blasser war als sonst und ein Turnlehrer, dessen Ader auf der roten Stirn zu platzen drohte.

Am Abend bastelte Georg an seinem Roboter, der leblos auf seinem Tisch vor ihm lag. Sophie blickte über Georgs Schultern und roch an seinem Haar. Fest drückte sie sich an ihn, als ob sie ihn niemals verlassen könnte und er genoß ihren warmen Atem auf seinem Nacken. Nachdem er ein wenig an dem Roboter herum geschraubt hatte, öffnete dieser wieder seine Augen. Die beiden Kinder hielten den Atem an und warteten ganz gespannt, was nun passieren würde. Er sah noch etwas beschädigt aus und der Arm blieb an seinem Körper geklebt, aber ansonsten funktionierte er wieder. Sogar das zerbrochene Auge konnte wieder repariert werden und der Roboter betrachtete ungläubig seinen Körper.

Nach einem Moment der Stille sprangen die drei Freunde lachend durch das Zimmer. Alles schien wieder gut zu sein und der Roboter sang wieder ihre Musik, die jedoch nicht mehr so klar und voll wie früher klang.

Seitdem die Polizei Sophie mitgenommen hatte, wurde sie zweimal die Woche abgeholt und wieder zurück gebracht. Zum Reden mit einer Freundin, damit es ihr wieder besser gehen würde. Aber noch bis zu ihrem Abschied umgab sie eine Wolke der Trauer, Scham und Verletzlichkeit. Zu sehr und zu negativ wirkte das Haus, die Umgebung und die Bewohner auf sie. Manchmal wurde sie wieder ganz still und manchmal verlor sie sich so sehr in ihren Gedanken, dass sie zu Essen vergaß und Tränen still und heimlich ihre roten Wangen herab rannen. Aber auch bei den anderen

Kindern sorgte dieser Vorfall für Unruhe. Die irrsten Geschichten wurden in den Kinderzimmern gesponnen, sobald die Nacht den Tag ablöste und sich alle Kinder in ihren Betten verkrochen. Vom Teufel, der den Professor mit seinen eigenen Händen durch die Blutlache in die Hölle zog oder auch von seinem Geist, der durch die Gänge spukte. Andere sprachen von Mord und Andere sprachen überhaupt nicht darüber.

Um die Kinder von den Geschehnissen etwas abzulenken, gab es einmal die Woche einen Fernsehabend. Und wie schon vorher erwähnt, gab es immer „Magnum“ zu sehen. Alle Kinder saßen im Fernsehraum und trugen Hawaiihemden und aufgeklebte Schnurrbärte. Dies wurde zu einer Tradition und machte wahnsinnig viel Spaß. Sogar Georgs Roboter hatte ein Hawaiihemd an und saß immer neben ihm. Und sobald es im Raum dunkel wurde und die Anfangsmelodie von Magnum zu spielen begann, applaudierten alle Kinder. Und das Kinderlachen hallte durch das Haus. Und Georgs und Sophies Augen begannen mit der Zeit wieder zu leuchten.

11

WENN EIN NEUER STERN ERWACHT …

WENN
EIN
NEUER
STERN
ERWACHT
...

Schüchtern verlor ich mich in Sophies traurigen Augen. Ein eigenartiger Schleier lag auf ihnen und ich fragte mich, ob sie diesen jemals ablegen würde. Ein dutzend unterschiedlicher Fragen schossen mir plötzlich durch den Kopf und ließen mich verlegen auf meiner Unterlippen kauen. Zum Beispiel über damals, als die Polizisten mit ihren Spürhunden durch das Heim schlurften. Mit feuchten Nasen und wildem Blick durchsuchten sie alle Winkel und Ecken des Hauses, konnten jedoch nicht finden, wonach sie suchten. Schließlich verließen sie uns und hinterließen viel Platz für Gerüchte. Die lebhafte Fantasie der Kinder bastelte an haarsträubenden Geschichten, die nach Beginn der Schlafenszeit in den Kinderzimmern erzählt wurden. Es waren Geschichten von Geistern in dem Büro und von Blut auf dem Boden, an den Wänden und an der Decke. Aber tatsächlich einen Blick in das Büro (das ehemalige Büro) des Professors (des ehemaligen Professors) zu werfen, war sehr schwierig und war meines Wissens auch niemandem gelungen. Denn die Polizei hatte es mit einem unüberwindbaren, gelben Absperrband für alle versperrt. Zutritt Verboten! Keiner durfte hinein! Oder wurde es abgesperrt, damit niemand oder nichts hinaus konnte? Für uns war es das Tor zur Hölle. Und da es ein so schrecklicher Ort sein musste, bekam der Nachfolger von Professor Schulz ein anderes Büro zugeteilt. Soweit ich mich erinnern kann, wurde dieser Raum nie wieder verwendet und das Tor zur Hölle blieb auf ewig verschlossen.

In den folgenden Tagen waren Georg und Sophie nicht mehr voneinander zu trennen. An einem warmen Sommerabend im Juli kletterten sie zusammen auf das Dach des Hauptgebäudes und beobachteten, wie die Sonne ihren Dienst beendete und die Nacht dem Tag folgte. Nacheinander erwachten die Sterne und blinzelten noch ein wenig verschlafen auf die zwei Kinder. Der Roboter war natürlich bei ihnen und trug nun regelmäßig ein Hawaiihemd, um seine alten und neuen Wunden zu verdecken. Mit angezogenen Knien saßen sie schweigend nebeneinander und genossen die milde Luft und den fantastischen Ausblick über die Wiese bis hin zum Wald, wo eine kleine Eule die Ruhe genoss.

Georg nahm einen Fruchtsaft aus seinem kleinen Rucksack und da verfärbten sich auch schon die Augen des Roboters in ein finsteres Rot. Zielstrebig raste er auf die Dachkante zu und sprang ins dunkle Nichts. Die beiden Kinder hielten den Atem an. Er fiel und fiel, bis sein Fall durch eine gespannte Leine abrupt gestoppt wurde. Diese war in weiser Voraussicht an seinem Rücken befestigt gewesen, um genau in solchen Situationen das Schlimmste zu verhindern.

„Hast du Angst, wenn die Sonne Abends untergeht?“, fragte Sophie Georg, mit Schüchternheit in ihrer Stimme. „Aber nein, ich weiß ja, was die Sonne tut. Sie schläft und Morgens wacht sie wieder auf und dann blendet sie mich“, versuchte er mit einem Lächeln zu sagen, während er den Roboter wieder zu sich zog. „Wenn man in den Mond sieht, brennen die Augen nicht“, erwiderte Sophie und rückte näher an Georg heran. Seinen Arm ganz eng um Sophie gelegt, um mit ihr in Fühlung zu bleiben, begann er über den Mond zu erzählen. Vom Mann im Mond, der auf sie herabblickt und jeden Abend das Licht der Sterne einschaltet. Da er dort oben ganz alleine ist, nascht er die ganze Zeit nur Schokolade. Deshalb hat er einen ziemlich dicken Bauch bekommen und ziemlich schlechte Zähne. Außerdem dürfte er nicht sehr nett sein und den vorbeifliegenden Sternschnuppen böse Wörter hinterherrufen. Wahrscheinlich war er bloß einsam und traurig, weil er von seinem Platz nicht wegkommt. Die Sternschnuppen waren hingegen immer unterwegs; sahen das ganze Universum und lernten so viele andere Sterne kennen. Der Roboter nickte ihm zustimmend zu, während Sophie an seinen Lippen hing und kicherte. Dann begann Sophie zu erzählen und zwar von ihrem Glücksstern: “Jeder Mensch auf Erden hat einen eigenen Stern, der von weit oben auf einen herab leuchtet und auf einen aufpasst.“

Dies verwirrte Georg doch ein wenig und er begann nachdenklich das flimmernde Himmelszelt zu betrachten. Schließlich hatte er eine ganz andere Theorie bezüglich der Existenz der Sterne. Immer wenn ein Wunsch eines Kindes in Erfüllung geht, würde ein neues Licht am Nachthimmel erscheinen. So hatte er sich immer das Leuchten in der Nacht erklärt. Aber vielleicht hatte auch Sophie recht.

Mit süßer Stimme sprach sie weiter: „Der Stern leuchtet dir den Weg, auch wenn es ganz dunkel ist. Er ist immer da, egal was passieren mag und er sagt mir, dass es immer Hoffnung gibt. Schau wie weit die Sterne von unserem Dach entfernt sind. Trotzdem leuchten sie bis zu uns, so ein starkes Leuchten gibt es sonst nirgendwo." Doch, in deinen Augen, dachte sich Georg. Sie deutete mit dem Finger auf einen besonders stark leuchtenden und sagte, dies wäre ihrer. Immer, wenn sie zu ihm aufsah, wusste sie, dass alles wieder gut wird. Und mit Georg an ihrer Seite würde der Stern noch heller leuchten. Georg gefiel dieser Gedanke und er versuchte sich den Platz ihres Sternes zu merken. Der eine BESONDERE zwischen so vielen belanglosen. Und als er die Position in seinem Kopf hatte, schweiften seine Augen zurück zu Sophies Gesicht, die ihn die ganze Zeit dabei beobachtet hatte.

Ihre Blicke trafen sich und man weiß nicht, wie lange sie sich verträumt und auf den nächsten Moment wartend in die Augen blickten. Vielleicht war es eine Ewigkeit, oder auch nur ein kurzer Augenblick. Es war egal. Es war egal ob es laut oder leise war. Es war egal, was gestern war und morgen sein wird. Das einzige was zählte, was wirklich wichtig war, war bei ihr zu sein, hier auf diesem Dach, in diesem Moment. Und so konnte er nicht hören, was der Mann im Mond von oben herunterschrie. Zuerst fluchte er einer zu nahe vorbeifliegenden Sternschnuppe etwas Boshaftes hinterher und dann brüllte er, dass der hagere Junge sie doch endlich küssen solle.

Doch Georg wurde aufgrund ihrer Zweisamkeit etwas nervös und fragte, ob sie jetzt irgendwo anders lieber wäre. Sie sagte: „Ich wäre gerne alleine auf der Welt. Ganz alleine! Oder ganz weit weg ..." Traurig sah sie in Richtung der glänzenden Sterne. „Vielleicht auf Alpha-7?", fragte Georg. Dahin würde er gerne mitkommen. Er konnte sich nicht vorstellen, ohne sie zu sein. Sophie lächelte ihn an. „Was gibt es denn auf Alpha-7?" „Alles was man will", sprudelte es aus seinem schüchternen Mund. Der Roboter könne sie ein wenig herumführen und alles wäre dort total anders. Die Sonne steht in der Nacht auf und die Sterne leuchten tagsüber. Der Regen fällt nach oben und die Nachspeise wird zuerst gegessen. Die Pausen in der Schule dauern länger als die Stunden und Kinder dürfen Autofahren. Die beiden Kinder lachten und wischten sich mit ihren kleinen Fingern über die nassen Augen. Währenddessen hatte sich der kleine Roboter seine Leine um den Hals gewickelt und sich wieder das Dach herunterfallen lassen. Dort hing er nun und der Wind schaukelte ihn von links nach rechts und wieder zurück und langsam wurden seine Augen wieder blau. Sophie hielt inne und das Lachen der beiden Kinder verstummte. „Du bist mir wichtig“, sagten seine Augen. Verlegen sah sie ihn an. Der Mond dämmte das Licht auf ihren unschuldigen Gesichtern und der Roboter begann ein leises Lied zu spielen. “Du hast eine Wimper, hier ...“ und Georg deutete auf ihr rechtes Auge. Mit ihrem Handrücken wischte sie sich über ihr Gesicht. „Weg?“ Georg schüttelte seinen Kopf etwas zu stark, sodass sie lachen musste. Sie grinste ihn an, schloss ihre Augen und wartete.

Er war zu verlegen und traute sich nur sehr zaghaft, sich ihrem Gesicht zu nähern. Er konnte ihr gut duftendes Haar riechen. Süß roch ihr Shampoo und das trieb ihn fast zur Ohnmacht. In seinem Kopf drehte sich alles. Sein Mund stand unsicher offen und trotzdem bekam er kaum Luft. Er blickte auf ihre roten Lippen, die sich leicht zu einem Kuss gespitzt hatten und wischte ihr behutsam eine Haarsträhne aus dem Gesicht. Er war schon so nahe, dass er ihre Sommersprossen sehen konnte. Sie war wunderschön. Schnell nahm er ihr die Wimper von der Wange und hielt sie ihr auf seinem Zeigefinger entgegen. „Hier ist sie. Wünsch dir was.“ Sie blickte ihm tief in die Augen und schenkte ihm ein Lächeln, dass er niemals vergessen würde. Sie blies die Wimper von seinem Finger, gab ihm seinen ersten Kuss und ein neuer Stern erschien am Himmelszelt.

12

WENN WIR LACHEN BEVOR WIR WEINEN …

WENN
WIR
LACHEN
BEVOR
WIR
WEINEN
...

So ist das eben mit dem öffentlichen Verkehr, genau dann, wenn man sowieso schon zu spät ist, verspätet sich auch noch der Bus. Die dadurch gewonnene Wartezeit verbrachte ich mit Sophie, aber unsere Unterhaltung geriet leider ins Stocken. In den letzten Minuten hatte sie kein Wort mehr über ihre Lippen gebracht. Sie schwieg und zeigte keine Bemühungen, mit mir wieder ein Gespräch anzufangen. Still blickte sie die Straße hinunter, um den Bus als Erste vor allen Anderen zu entdecken und in ihren Augen konnte man noch immer diese Finsternis erkennen. Die Narben, die die Vergangenheit auf ihrer Seele hinterlassen hatte, konnte ich nur erahnen. Jede meiner Bemühungen, an das Gespräch von vorhin anzuknüpfen, wurde mit einem schweigsamen Blick in die Ferne von Sophie zerschlagen. So standen wir schweigend nebeneinander und warteten, während die Autos an uns vorbeifuhren und die Vergangenheit uns langsam einholte. Ich wurde ein wenig traurig, da ich mir denken konnte, woher dieses Schweigen kam. Wahrscheinlich erinnerte ich sie an ihre Kindheit, die sie unter großer Mühe versucht hatte zu vergessen. Ich hingegen konnte mich noch an so einiges erinnern. Vielleicht nicht mehr an alles im Detail, aber das Geräusch, als Georgs Herz zerbrach, hallt mir noch heute in den Ohren.

Zeit verrinnt und lässt meistens nur noch transparente Erinnerungen zurück. Aber wenn ich an Georg und Sophie denke, wie sie Hand in Hand über den Spielplatz rannten oder gemeinsam in die Wolken starrten, sind die Bilder klar und deutlich. Immer waren sie zu zweit, auch beim Essen oder im Fernsehsaal, um die neuesten „Magnum"-Folgen anzusehen. Es hatte für uns Anderen den Anschein, dass niemand sie trennen konnte und endlich war Frieden in das Kinderheim Traumfänger eingekehrt. Auch ich vertrug mich immer besser mit Georg. Er verzieh mir meine Gemeinheiten und Schikanen von früher und zeigte mir, wie man mit verschiedenen Einzelteilen ein kleines Transistorradio zusammenbaut.

Oft saßen wir in seinem Zimmer und bauten an unseren Radios und an unserer Freundschaft, während Sophie auf dem Bett saß und uns zusah. So verbrachten wir viele Nachmittage, hörten Musik aus unseren Radios und redeten über Alpha-7. Der Roboter raste meist im Zimmer auf und ab und versuchte immer wieder das zu tun, was er die meiste Zeit zu tun versuchte. Mit roten Augen knallte er gegen Tischbeine oder holte sich einen enormen Schlag aus der Steckdose. Dann flog er quer durch das gesamte Zimmer und blieb eine Zeit lang benommen in einer Ecke liegen. Einmal hatte er sich sogar Wasser ins Waschbecken eingelassen und seinen Kopf dann zur Gänze untergetaucht. Nach einer halben Stunde ist er wieder enttäuscht heraus gestiegen und rotbraune Rostflecken, die seine sonstigen Dellen und Schrammen ergänzten, erinnerten uns immer wieder an diese dumme Idee.

Georg und Sophie trafen sich jeden Tag nach dem Unterricht am Schulhof und manchmal war auch ich dabei. Für mich waren es die friedlichsten Momente des Tages, wenn ich den beiden zusehen konnte, wie sie mit offenen Augen um die Wette träumten. Sei es von einem Wochenendausflug nach Alpha-7 oder auch von den verschiedensten Tieren, die sich bei längerem Hinsehen aus den Wolken formten. Doch etwas war an diesem einen Nachmittag anders.

Ich und Georg standen alleine auf unserem Platz und warteten auf Sophie, aber sie kam nicht. Zuerst dachten wir uns nichts dabei, doch dann begannen wir uns Sorgen zu machen. Vielleicht war ihr etwas passiert? In den letzten Tagen war sie stiller als sonst gewesen. Hatte dies etwas zu bedeuten? Immer schwerfälliger wurden unsere Schritte, als wir über die schattige Wiese Richtung Kinderheim gingen.

Es begann die Jahreszeit, in der die Sonne immer öfter von dunklen Wolken verdeckt wurde, die Bäume bunter und der Wind frischer wurden. Und so war es auch an diesem Tag. Neugierig gingen wir durch die hallenden Gänge zu ihrem Zimmer, um nachzusehen, wo Sophie blieb. Als wir ihre Tür öffneten, sahen wir einen fremden Mann und eine fremde Frau neben ihr stehen. Zusammen räumten sie Sophies Sachen in einen großen braunen Lederkoffer und alle drei strahlten vor Freude.

Die Augen der beiden Kinder trafen sich und Sophies Lachen verstummte schlagartig. Ganz still wurde es in dem Zimmer, bis ein lauter Knall die Anwesenden durcheinander rüttelte. Dies war Georgs Herz, welches in diesem Moment in tausende und hunderttausende Teile zerbrach.

„Du musst wohl Georg sein“, sagte die fremde Frau lächelnd. „Sophie hat schon viel von dir erzählt.“ Niemand hatte ihm etwas über all das hier erzählt! Tränen schossen aus seinen Augen und seine Füße begannen zu laufen. Weg, nur noch weg von hier, dachte er sich. Warum verlässt sie ihn nur? Wie kann sie nur? Er lief aus dem Zimmer und durch die langen Gänge des Gebäudes. „Sophie ist meine beste Freundin! Sie verlässt mich! Warum! Weg! Alleine! Schmerz!“, so schoss es ihm durch den Kopf.

Und genau so schnell wie seine Gedanken und heraussprudelten Emotionen schoss auch er durch das Kinderheim. Hinter einem Film aus salzigen Tränen verschwammen Türen, Fenster, die Zeit, die Realität, Sophie, seine Kindheit und noch vieles mehr. Er stürmte das Stiegenhaus hinauf, stieß Mitschüler aus dem Weg, stolperte und schlug sich die Nase blutig. Er spürte, wie warme Tropfen zu Boden fielen und eine Spur bis zu einem Fenster legten. Er öffnete es um auf das Dach zu klettern. Dort, wo sie sich das erste und einzige Mal geküsst hatten. Er konnte sich nicht vorstellen, jemals ohne Sophie zu sein. Wie solle er das anstellen und warum konnte sie ihn verlassen, ohne Tränen zu vergießen? Alles war egal.

Sophie wusste natürlich, wo sie Georg finden würde und musste nur den kleinen Blutstropfen folgen, welche sie zu dem Fenster führten. Sophie kletterte zu ihm aufs Dach und saß eine Weile neben ihm, umhüllt von einer traurigen Stille. Mit dem Ärmel ihrer Weste wollte sie das getrocknete Blut unter seiner Nase wegwischen, doch er stieß ihren Arm weg. Schweigend saß sie neben ihm, dann ein wenig weinend und dann erklärend. Während sie seine Augen suchte, konnte er ihr nicht ins Gesicht sehen. Allein ihre Gegenwart tat ihm weh. Wie sehr musste dann ihre Abwesenheit schmerzen? Hunderte Fragen schossen durch seinen Kopf und er versuchte in den grauen Wolken Antworten zu finden. Vergebens. Sophie entschuldigte sich bei ihm, dass sie ihm nichts von der Adoption erzählt hatte. Aber es war so plötzlich und die richtigen Worte hatte sie auch nicht gefunden.

„Es tut mir so leid“, wiederholte sie die ganze Zeit. Das müsse er doch verstehen, bitte. Und es gäbe doch keinen Grund für Traurigkeit, denn so eine Freundschaft, wie die ihre, würde doch nie vergehen. Denn auch er habe einen Stern, der auf ihn aufpasst. Und ihre beiden Sterne hängen gleich nebeneinander in der Nacht. Bitte! Sie flehte ihn mit großen Augen an, doch noch einmal herunterzukommen und sich von ihr zu verabschieden. Wenn sie aus dem Autofenster schauen wird, möchte sie in sein Gesicht blicken und diesen Moment niemals vergessen.

Georg konnte sich nicht mehr halten und es brach bitterlich aus ihm heraus. Er will sie nicht verlieren, dass sie doch zusammengehörten und noch ganz viel miteinander erleben müssten. Mit spitzen Kinderlippen drückte sie ihm einen salzigen Kuss ins Gesicht und begab sich zurück zu ihren neuen Eltern, die schon das Gepäck ins Auto gebracht hatten. Dies war sein zweiter Kuss.

Sophie und ihre neuen Eltern verabschiedeten sich von der Direktorin und den anderen Kindern und alle freuten sich für sie. Alle waren gekommen, bis auf Georg mit seinem Roboter. Ich konnte hinter Sophies Lachen ihre traurigen, glasigen Augen erkennen und konnte ihr ansehen, wie sich ihr Herz zusammenzog. Immer wieder blickte sie sich um, um Georg irgendwo zu erkennen, aber er war nicht da. Ihre Augen suchten schweigend, aber ihr zerrissenes Herz schrie laut seinen Namen.

Doch plötzlich tauchte Georgs verweintes Gesicht in der Menge auf. Sophie erkannte ihn sofort und sprang ihm entgegen. Ganz fest zog er Sophie zu sich und drückte sie gegen seinen kleinen schwachen Körper, damit sie ihn ja nicht verlassen konnte.

Während Tränen aus seinen Augen schossen, versprach er ihr, jede Nacht zu ihrem Stern zu blicken, um sich zu vergewissern, dass es ihr gut ginge. Mit zitternder Stimme sprach er zu ihr und japste dabei nach Luft: „Viel Spaß auf Alpha-7!" Sie bedankte sich für alles, gab ihm seinen dritten Kuss und löste sich aus seiner Umarmung. Wahrscheinlich der schmerzhafteste Kuss, den man sich vorstellen kann; es war ein bittersüßer Abschiedskuss.

Somit hatte sie sich von ihrer Vergangenheit verabschiedet und der Wagen fuhr langsam davon. Sophie blickte aus dem Fenster, auf alle Kinder und Lehrer die ihr hinterher winkten und immer kleiner wurden. Nur Georg stand einfach nur da und schluchzte. Er bekam kaum noch Luft und der Rotz rann ihm aus der Nase. Da ich nicht wusste, was ich tun sollte, legte ich meine Hand auf seine Schulter um ihm zu zeigen, dass er nicht alleine war. Aber ich glaube, dass das nur ein schwacher Trost für ihn war.

Dann entriss sich Georg meiner Umarmung und begann Sophie hinterher zu laufen. Er verschwand in der Staubwolke des Autos und lief solange, bis seine Lunge schmerzte und seine Beine an Kraft verloren.

Als Sophie zurückblickte sah sie weder die dunklen Geschehnisse noch die lachenden Stunden. Sie sah nur ihren bester Freund, der ihr winkend hinterher lief, bis er nur noch ganz klein war und schließlich verschwand. Erst dann drehte sie sich wieder nach vorne. Eine Träne rann ihre Wange herunter und blieb an ihrem Kinn kurz hängen. Dort verweilte sie einen Moment und stürzte sich dann in die Vergessenheit.

Lange sah Georg dem Auto nach, welches langsam am Horizont verschwand. Er wußte, dass es wahrscheinlich kein Wiedersehen geben würde. Und dieser Gedanke klang laut und schrill in seinem Kopf. Endlich konnte ihn der Roboter einholen, doch der Schatten der Einsamkeit hatte sich schon längst auf sein Gesicht gelegt. Gemeinsam standen sie nun auf der Straße, umgeben von der Stille, die solch ein Abschied hinterlässt und sahen zu, wie der Wind die Staubwolke über das Land verteilte und Sophie aus seinem Leben verschwand.

13

WENN WIR WEINEN BEVOR WIR LACHEN

…

Der Bus der Linie 10 bog um die Ecke und blieb an unserer Station stehen. Wir umarmten uns, versprachen uns in Kontakt zu bleiben und dann stieg sie auch schon ein. Wie damals blieb ich am Straßenrand stehen und sah Sophie am Horizont verschwinden. Sie war, wie auch Georg und alle anderen Kinder und die Geschichten des Roboters, eine wichtige Erinnerung meiner Kindheit. Als ich Sophie im Bus davon fahren sah, musste ich an Georgs dicke Kindertränen denken. Sofort schnürte sich meine Kehle zu. Es war so schade, dass sie nicht zu dem Klassentreffen kommen wollte, aber es war natürlich verständlich, nach all dem, was vorgefallen war. Sie hatte ein neues Leben begonnen, an dem Tag an dem sie das Traumfänger verließ. Hatte das Band der Erinnerungen zerschnitten und Teile davon weggeworfen. Wahrscheinlich würden zu viele Erinnerungen wieder aufbrechen, über sie strömen und längst geschlossene Wunden wieder öffnen. Als endlich mein Bus kam, läutete mein Telefon. Georg war am Apparat und fragte wo ich denn bliebe. Ich erzählte ihm nicht, wen ich gerade getroffen hatte. Dann stieg ich in den Bus, ließ mich auf einen Sitzplatz fallen und schloss meine Augen.

Seit Sophie uns verlassen hatte, lag auf Georgs Gesicht ein dunkler Schatten. Auf seinen Roboter achtetet er weniger, weshalb dieser ramponierter denn je aussah. Er versuchte sich in die Luft zu sprengen, zu erhängen, zu ertränken, sprang vor vorbeifahrende Autos und man konnte nur von Glück sprechen, dass er noch immer funktionierte.

Währenddessen lag Georg alleine auf der Wiese und blickte in die bunten Blätter der herbstlichen Bäume. Öfter versuchte er in den dunklen Wolken oder Nebelschwaden, die immer öfter auf der Wiese lagen, Sophies Gesicht zu entdecken. Und, als wäre der Abschied nicht schon schlimm genug gewesen, flüsterte ihm der gemeine Wind immer wieder die alten Gespräche ins Gedächtnis. Aber auch die Erinnerungen an die blauen Flecken, der Duft ihres Shampoos und die Herzgefühle bei ihrem Kuss. Als wäre die Zeit niemals vergangen. Und wenn die Sonne unterging, suchte er ihren Stern und versuchte ihn nicht zwischen all den anderen zu verlieren. Sein einziger Trost war das Leuchten am Himmel. Denn dann wusste er, dass es ihr gut gehe.

Mit den anderen Kinder sprach und spielte er gar nicht mehr. Oft versuchten wir ihn, zum Spielen zu überreden, aber jedes Mal winkte er ab. Sogar die wöchentlichen Filmabende konnten ihn nicht aufheitern. Eines Tages setzte ich mich zu ihm und zog mein selbstgebasteltes Radio aus der Tasche. Es funktionierte immer ausgezeichnet, doch plötzlich blieb es stumm. Emotionslos sah er sich das Gerät an und stellte schnell fest, dass bloß ein Kabel locker war. Aber auch so konnte ich ihn nicht von Sophie ablenken.

Alle Kinder vermissten Sophie, aber sie war nicht das erste Kind, welches uns verlassen hatte. Wir Kinder hatten uns an diese Abschiede gewöhnt, aber die Trennung von Sophie und Georg war etwas Besonderes. Selten habe ich so eine solche Verbindung zwischen zwei Menschen erlebt. Und wenn so ein Band zerschnitten wird, leidet derjenige der zurückgelassen wird, am meisten. So vergrub er sich unter einem Haufen von Trauer und Selbstmitleid, während der Roboter nichts dagegen tun konnte, obwohl er seinem Freund so gerne geholfen hätte.

Als Georg an dem lockeren Kabel rüttelte, sagte ich zu ihm, dass auch er bald eine Familie finden würde. Andere müssten bestimmt bis zu ihrem 18. Geburtstag in diesem Heim verweilen. Georg verstand, worauf ich hinauswollte und klopfte mir auf die Schulter. Er überreichte mir das kleine Radio, ich schaltete es ein und eine kleine Melodie ertönte. Schweigend saßen wir im Herbst dieses Jahres nebeneinander und lauschten der Musik. Immer wieder hörte ich ein leises Schluchzen neben mir, aber ich traute mich nicht, meinen Blick auf ihn zu richten. So saßen wir nebeneinander auf der herbstlichen Wiese, bis das

Schluchzen aufhörte. Erst dann hatte ich den Mut in sein verweintes Gesicht zu schauen und er wischte über seine brennenden Augen.

Ab und zu kamen Ehepaare in das Heim, um die Kinder kennenzulernen. Wie der genaue Prozess aussah, wusste ich nicht. Aber auch an diesem Tag war ein Ehepaar auf dem Schulhof und unterhielt sich mit der Direktorin. Natürlich war auch eine Schar Kinder um die drei versammelt. Die Kinder redeten wild durcheinander und hatten eine Freude mit dem leicht überforderten Paar. Die Frau war noch relativ jung und sehr hübsch. Daran kann ich mich heute noch erinnern. Der Mann hatte schon sehr dünnes Haar und ein sehr freundliches Gesicht, welches jedes einzelne Kind freudig anlächelte. Der Herbst hatte die Blätter schon von den Bäumen geweht und so stampfte die ganze Gruppe über einen bunten Blätterboden. Wir Kinder hatten immer einen riesigen Spaß, wenn wir durch das dichte Laub sprangen und die Blätter in die Höhe warfen um darunter zu tanzen.

Die Direktorin stellte dem Paar die einzelnen Kinder vor, jedoch suchten ihre Blicke Georg, der mit mir das Treiben aus der Ferne beobachtete. Schließlich entdeckte uns die Direktorin, wie wir gemeinsam auf einer Bank saßen und rief ihn zu sich. Georg machte aber keine Anstalten aufzustehen. „Willst du nicht rüber gehen?“ „Nö, warum auch? Ich habe keine

Lust, mit denen zu reden." Doch bevor er davon gehen konnte, war die Menschentraube schon bei uns.

Die Direktorin stellte Georg dem Paar vor und erzählte von seinen guten Noten, seiner offenen Art, wie beliebt er doch sei und sonstige Sachen, die sie aus ihrer Mappe vorlas. Doch Georg sagte kein Wort und blickte nur betrübt zu Boden. Dann schnallte er sich seinen Rucksack um, stand auf und ging.

Das Ehepaar redete noch ziemlich lange mit der Direktorin und letztendlich verabschiedeten sie sich noch liebevoll von den vielen glänzenden Kinderaugen und stiegen in ihren Wagen. Alle Kinder standen um sie herum und versuchten ihr allerliebstes Kindergesicht aufzusetzen. Alle, bis auf Georg, der in der Menge stand und gelangweilt zu Boden sah. Hatte das eine Blatt zu seinen Füßen nicht die Form von Sophies Gesicht? Traurig hob er es auf, ließ es aber sogleich wieder fallen. War wohl doch nicht so. Der Roboter stand neben ihm und sah in Georgs traurige Augen. Seit Tagen hatte er ihn nicht mehr lachen gesehen und repariert hatte er ihn auch schon seit Längerem nicht mehr.

Wie lange lag es schon zurück, dass sie zusammen in die Wolken gesehen und über die verschiedenen Figuren am Himmel gelacht hatten? Wie lange lag es schon zurück, dass sie den dicken Mann im Mond verspotteten? Wie lange lag es schon zurück, dass er mit leuchtenden Augen von seinen Träumen erzählt hatte? Von einem Garten, einer Mutter, einem Vater, einer Familie.

Der Wagen wurde gestartet und das Ehepaar winkte aus den geöffneten Fenstern heraus. Da wurde der Blick des Roboters entschlossen. Georg sah ihm fragend in die blauen Augen und der Roboter verabschiedete sich mit einem kräftigen Schlag gegen seine Schulter. Dann drehte er sich um und fuhr zielstrebig auf den Wagen zu. Während sich Georg ganz verdutzt seine schmerzende Schulter hielt, sah er seinem besten Freund nach, der sich mit voller Entschlossenheit vor den fahrenden Wagen warf.

Es wurde still und Georg riss seine Augen entsetzt auf. Er konnte nicht fassen, was gerade passiert war! Starr vor Entsetzen konnte er dem Roboter nicht hinterherlaufen und aufhalten. Erst das laute Knacken, welches grausam über den Hof hallte, riss ihn aus seiner Bewegungslosigkeit. Es war der Moment, als der Roboter unter der Rädern zermalmt wurde.

Georg schrie entsetzt auf und rannte zum Wagen, der nun stehengeblieben war. Er stieß alle Kinder, die ihm im Weg waren, zur Seite und stürzte sich auf den bunten Blätterboden. Weinend kniete er vor dem linken Vorderrad und den Überresten seines Freundes.

„Aber seine Augen waren doch blau ...“, murmelte er und wischte sich den Rotz aus dem Gesicht. Der Mann stieg sofort aus und sah nach, was geschehen war. Auch seine Frau öffnete geschwind die Tür und sprang besorgt aus dem Fahrzeug. Ob ihm etwas passierte wäre, fragte sie ihn rührend. Ihm ginge es gut, aber sein Roboter ist kaputt, schluchzte er.

Der Ehemann war völlig von der Rolle und entschuldigte sich laufend bei ihm, bei der Direktorin, bei den anderen Kindern, bei seiner Frau, bei Gott und der Welt. Er kniete sich zu ihm und versprach, wieder zu kommen, um ein neues Spielzeug mitzubringen. Neugierig betrachtete er die Überreste, um herauszufinden, wie es wohl vor der Begegnung mit dem Vorderreifen ausgesehen hatte. Schließlich fragte er ihn, von wo er denn das Spielzeug hatte. Georg zeigte Richtung Himmel und sagte bloß „Alpha-7“.

Die Ehefrau hatte Georg in den Arm genommen und streichelte seinen bebenden Rücken. „Alpha-7 kenne ich nicht“, sprach der Ehemann zu seiner Frau. „Vielleicht ein Einkaufszentrum?“ Und obwohl Georg so lange Zeit verschlossen war, mit niemandem redete und bis vor wenigen Augenblicken nichts von diesen Menschen wissen wollte, begann er sich, in ihren mütterlichen Armen auszuweinen. Mit Tränen in den Augen und Schmerz auf der Stimme erzählte Georg, dass der kleine Roboter sein Freund gewesen war und er ihn selbst repariert hatte, ganz alleine. Aber bei diesem Schaden war eine Reparatur doch unmöglich! Da wurde der Ehemann ganz hellhörig, schließlich war er selbst ein Erfinder und hatte eine kleine Werkstatt in seiner Garage.

Das Ehepaar schaute sich glücklich an und nickten sich zu. Der Ehemann und zukünftige Vater von Georg erzählte ausgelassen von seiner Arbeit und was er nicht schon alles gebaut hätte. Und ein wenig Unterstützung könnte er schon brauchen, sagte er augenzwinkernd zu Georg.

Das Paar machte mit Georg einen langen Spaziergang unter der roten Abendsonne und nahmen ihn in ihre Mitte. Als sie wieder zurückkamen, gingen sie Hand in Hand und lachten herzhaft. Währenddessen saß ein alter Mann im Mond, schimpfte über eine vorbeifliegende Sternschnuppe, die Richtung Alpha-7 reiste und schaltete grimmig einen neuen Stern an.

DANKE

–

Stefanie Aust, Corinna Cingl,
Erhard Fichtenbauer, Isolde Fitzel, Katharina Grössing,
Thomas Hillinger, Christina Jägersberger,
Iga Teresa Łyszcz, Julia Weithaler

ÜBER DEN AUTOR

–

Thomas Bischof,
geboren 1983,
studierte Rechtswissenschaften und
Kunst- & Kulturmanagement in Wien.
Er ist begeisterter Filmemacher
und Schriftsteller.

ÜBER DIE ILLUSTRATORIN

–

Eleonora B. Sigl
geboren 1979,
studierte Grafik und Illustration.
Musik zählt ebenso zu ihren Leidenschaften
wie die Malerei.